Derrière l'État Desmarais : POWER

Du même auteur chez le même éditeur

Rwanda : crime, mensonge et étouffement de la vérité, Montréal, 2007.
Les secrets d'Option Canada (avec Normand Lester), Montréal, 2006.
Le référendum volé, Montréal, 2005.
Ça ne s'est pas passé comme ça à Kigali, Montréal, 2003.

Du même auteur chez un autre éditeur

Oka. Dernier alibi du Canada anglais, Montréal, VLB éditeur, 1991 (nouvelle édition avec postface « Dix ans après », 2000).

Robin Philpot

Derrière l'État Desmarais : POWER

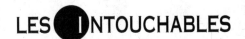

LES INTOUCHABLES

Les Éditions des Intouchables bénéficient du soutien financier de la SODEC et du Programme de crédits d'impôt du gouvernement du Québec.

Nous remercions le Conseil des Arts du Canada de l'aide accordée à notre programme de publication.

Nous reconnaissons l'aide financière du gouvernement du Canada par l'entremise du Programme d'aide au développement de l'industrie de l'édition (PADIÉ) pour nos activités d'édition.

ASSOCIATION
NATIONALE   Membre de l'Association nationale des éditeurs de livres.
DES ÉDITEURS
DE LIVRES

LES ÉDITIONS DES INTOUCHABLES
4701, rue Saint-Denis
Montréal, Québec
H2J 2L5
Téléphone : 514-526-0770
Télécopieur : 514-529-7780
www.lesintouchables.com

DISTRIBUTION : PROLOGUE
1650, boulevard Lionel-Bertrand
Boisbriand, Québec
J7H 1N7
Téléphone : 450-434-0306
Télécopieur : 450-434-2627

Impression : Marquis imprimeur inc.
Photographie de la couverture : Shutterstock/Yevgen Timashov
Conception de la couverture et infographie : Geneviève Nadeau
Révision, correction : Corinne Danheux, François Mireault

Dépôt légal : 2008
Bibliothèque et Archives nationales du Québec
Bibliothèque nationale du Canada

ISBN : 978-2-89549-336-5

*Le groupe Desmarais-Power occupe
une position dominante pour influencer
l'orientation constitutionnelle, économique et sociale
de l'État québécois actuel et futur.*

PIERRE GODIN

Mais aujourd'hui, […] c'est l'État Desmarais.

JACQUES PARIZEAU, septembre 1995

Remerciements

L'auteur tient à remercier toutes les personnes qui ont accepté de s'entretenir avec lui de l'État Desmarais, de manière anonyme ou à visage découvert. Leur concours a été indispensable. Des remerciements sont adressés également à certains bibliothécaires pour leur capacité à dénicher des livres, des documents, des articles de journaux et des citations de même qu'à plusieurs amis et militants pour leurs conseils judicieux et le temps qu'ils ont consacré à la relecture et aux suggestions. De plus, sans le travail rigoureux et parfois ingrat des biographes de grands acteurs politiques québécois, notamment Daniel Johnson père, René Lévesque et Jacques Parizeau, il aurait été très difficile d'écrire ce livre. L'auteur remercie aussi l'éditeur des Intouchables pour sa confiance et toute l'équipe de la maison d'édition pour leur travail à la fois inlassable et efficace. Mais sans l'appui patient mais indéfectible de la famille, ce livre ne serait encore qu'une idée dans la grande liste sous la rubrique : À FAIRE.

Introduction

Pourquoi l'État Desmarais ?

Quand l'argent parle, la vérité se tait.

Proverbe

Un livre sur l'État Desmarais s'impose depuis belle lurette. On se demande même pourquoi il y a eu si peu d'écrits et si peu d'analyses à ce sujet, compte tenu surtout des positions tranchées de cette famille contre la souveraineté du Québec et pour l'unité canadienne, coûte que coûte. Cet empire est reconnu pour être en mesure de faire et de défaire des gouvernements québécois et canadiens, et ce, depuis bientôt 40 ans. La journaliste économique de droite Diane Francis, qui l'aime beaucoup d'ailleurs, dit que Paul Desmarais est l'homme d'affaires qui a le plus de pouvoir politique au Canada. Parmi les milliers d'essais publiés au Québec depuis des années, il n'y a rien sur l'empire politico-financier dirigé par les Desmarais, père et fils. Au plus, on trouve des critiques voilées, des commentaires lancés prudemment et avec circonspection, parfois avec un sourire en coin, le message étant qu'on ne peut en dire davantage sans prendre de risque. Le seul livre sur Desmarais-Power est une hagiographie écrite en 1987 par un journaliste économique de Calgary, feu Dave Greber, intitulée *Rising to Power (Paul Desmarais : un homme et son empire).*

Le doyen du journalisme politique et du monde des affaires au Canada, Peter C. Newman*, lui a consacré environ 60 pages de son livre *L'establishment canadien, ceux qui*

---

* Les notes de bas de pages sont répertoriées chapitre par chapitre à la fin de l'ouvrage, p. 193.

détiennent le pouvoir. Mais non sans peine. Même si Peter C. Newman est considéré comme chantre officiel de l'élite des affaires au Canada, peu avant la parution en 1975 de ce livre sur l'*establishment*, il s'est vu menacer d'une poursuite-bâillon de Paul Desmarais qui, selon *The Gazette,* « n'a pas aimé ce que Newman a[vait] écrit sur le traitement de quelques actionnaires minoritaires d'un *holding*». Paul Desmarais a mandaté l'avocat J. J. Robinette de Toronto pour demander une injonction visant à empêcher la publication du livre. Les deux sources citées par Newman, gouverneurs de la Bourse de Montréal, auraient « pris le bois » et l'éditeur, McClelland and Stewart, l'un des plus importants au Canada, a été obligé de cacher le paragraphe désobligeant à l'aide d'un autocollant dans chacun des 75 000 exemplaires. Dans un autre livre, Newman a consacré un chapitre à Desmarais qu'il a servilement intitulé « King Paul ».

Par ailleurs, rarement entend-on, même de la bouche des porte-parole du mouvement souverainiste, des analyses froides et percutantes du rôle politique de Power Corporation au Québec et au Canada et, encore moins, des propositions de politiques pour y faire face. On peut même se demander si notre incapacité ou notre refus d'aborder de front ce pouvoir démesuré et quasi occulte et de prendre les moyens pour le surmonter n'explique pas en partie l'impasse politique dans laquelle se trouve le mouvement indépendantiste québécois.

Le concept de « l'État Desmarais » n'est pas nouveau ni l'idée selon laquelle cet « État » représente un obstacle important pour la collectivité québécoise. Déjà en 1973, Pierre Godin a publié un livre remarquable intitulé *L'information-opium : une histoire politique* du journal La Presse dans lequel il nous mettait en garde contre les périls de la grande promiscuité qui caractérisait les relations entre les dirigeants de Power Corporation et le gouvernement du Québec de l'époque dirigé par Robert Bourassa. « De nos jours, écrivait-il, à l'ère de la domination sociale des firmes privées totalitaires, dont la puissance est telle qu'elles constituent l'État véritable (exemple : Power Corporation et le gouvernement Bourassa), la presse est devenue l'outil du pouvoir économique comme elle avait été celui du pouvoir politique. »

Quand Pierre Godin a écrit ces mots, lui et d'autres prévoyaient que le Québec serait indépendant dans un proche avenir. Aussi, un peu plus loin, il s'est posé la question :

« Advenant l'indépendance du Québec, les pouvoirs réunis dans les mains de Desmarais seraient alors colossaux. On peut se demander qui, du groupe politico-financier encadrant Desmarais ou de l'État québécois, serait le véritable maître de cette nouvelle nation de 6 000 000 de citoyens ? Le groupe Desmarais-Power occupe une position dominante pour influencer l'orientation constitutionnelle, économique et sociale de l'État québécois actuel et futur. Le gouvernement Bertrand (Jean-Jacques) craignait ce nouvel État dans l'État. Sa célérité à créer une enquête sur la liberté de la presse en fut une indication. »

Le gouvernement Bertrand a justement mis sur pied une commission de l'Assemblée nationale pour enquêter sur la concentration des entreprises d'information à la suite d'une motion du député de Gouin, Yves Michaud, déposée le 5 décembre 1968. La résolution portait principalement sur les risques que représentait l'accumulation du pouvoir par le groupe Desmarais-Power. Nous y reviendrons, mais la citation ci-dessous démontre que déjà, il y a 40 ans, l'Assemblée nationale – qui s'appelait encore l'Assemblée législative – considérait que « l'État Desmarais » était un sujet d'actualité brûlant. Le serait-il moins aujourd'hui alors que le groupe Desmarais-Power est certainement 20 fois plus puissant qu'il ne l'était à la fin des années 1960 ?

Après avoir énuméré les médias contrôlés par Desmarais, le député Yves Michaud a demandé aux parlementaires d'agir d'urgence pour empêcher que la plus vaste opération monopolistique jamais entreprise sur le territoire québécois ne se réalise dans le domaine névralgique de l'information :

« En faut-il davantage pour marquer le caractère grave d'une situation qui, si elle n'est pas l'objet d'un examen détaillé, scrupuleux et attentif – tel que le permettent nos règlements – de la part des élus du peuple et des responsables de l'État, risque d'abandonner dans les mains d'une oligarchie financière, une puissance plus grande que celle de l'État, une force éventuellement capable de contrecarrer les volontés des élus du peuple et de l'exécutif? Situation grave, poursuivait le député Yves Michaud, mais également urgente parce que le journal *Le Devoir* [...] révélait que le groupe Gelco-Trans-Canada [groupe dirigé par Paul Desmarais qui prendrait le contrôle de Power Corporation] tente d'acquérir à l'heure actuelle, au moment où je vous parle, le journal *Le Soleil*, dont le tirage est de plus de 175 000 exemplaires et le quotidien *Le Droit* d'Ottawa, qui a un tirage de 45 000 exemplaires.»

Les députés à l'Assemblée nationale ainsi que toute la population du Québec avaient bien raison de craindre l'opération monopolistique que Paul Desmarais était en train de réaliser au Québec. En effet, au début de 1968, Claude Frenette, adjoint de Paul Desmarais, qui s'apprêtait justement à prendre le contrôle de Power Corporation, a décrit en détail la stratégie de l'entreprise et d'un groupe de libéraux puissants pour damer le pion au mouvement souverainiste et particulièrement à René Lévesque. Il s'est confié à un agent américain du nom de E. C. Bittner, qui a fait part de ces confidences dans une dépêche intitulée «*Quebec Separatism and the Liberal Leadership Race*» («Le séparatisme au Québec et la course à la direction du Parti libéral»). Selon la dépêche datée du 3 janvier 1968, Claude Frenette a dit: «Power Corporation a l'intention d'utiliser le réseau de télévision et de presse qu'elle contrôle au Québec pour aider à battre le séparatisme à l'aide d'opérations de propagande subtiles.» Par ailleurs, selon Claude Frenette:

«Le Parti libéral avait établi un comité secret pour battre le séparatisme au Québec. Le comité, qui comprenait les ministres fédéraux du Québec tels que [Jean] Marchand, Trudeau et [Maurice] Sauvé, avait adopté un plan à plusieurs volets... pour discréditer les tendances séparatistes des états généraux lourdement influencés par la Société Saint-Jean-Baptiste, et [que] le comité avait infiltré la récente conférence des états généraux [...] [qu']il l'avait incitée à prendre une position tellement radicale au sujet du séparatisme qu'elle serait incroyable.»

Claude Frenette a décrit aussi comment le comité entendait marginaliser René Lévesque. Deux semaines après l'envoi de cette dépêche, Claude Frenette a été élu président de l'aile québécoise du Parti libéral fédéral en vue du congrès au leadership et, dans les bureaux mêmes de Power Corporation, avec Pierre Trudeau, il a établi le plan qui mènerait celui-ci à la direction du Parti libéral et au poste de premier ministre du Canada le 25 juin 1968.

Les Desmarais ont mis environ 30 ans pour mettre la main sur *Le Soleil* et *Le Droit*, mais ils y sont parvenus en novembre 2000, avec en prime *Le Quotidien* de Chicoutimi, ce qui a porté à 70 % leur contrôle de la presse écrite au Québec. Si la situation décrite par Yves Michaud en 1968 était grave, ne faudrait-il pas conclure qu'elle est devenue catastrophique depuis 2000 ? Catastrophique d'autant plus que, au moment même où Power Corporation mettait la main sur *Le Soleil*, *Le Droit* et *Le Quotidien*, Radio-Canada et *La Presse* commençaient à mettre en œuvre une entente de collaboration secrète. Est-ce un hasard ou le fruit d'une stratégie mise au point méticuleusement dans les hautes sphères de la politique canadienne ?

Les leaders souverainistes ont toujours éprouvé des difficultés à naviguer autour de l'armada Desmarais. Même si celle-ci n'a jamais dissimulé sa volonté de faire faire naufrage au mouvement d'émancipation du Québec, il semble que la politique des porte-parole souverainistes a consisté généralement à éviter de la prendre de front de crainte d'essuyer des tirs de barrage trop forts. À cette règle surgit au moins une exception remarquable : le discours de Jacques Parizeau de fin septembre 1995 à un mois du référendum du 30 octobre. Dans ce discours prononcé devant les militants du Parti québécois, l'ancien premier ministre a posé le problème dans toute son ampleur et avec la perspective historique nécessaire :

« Il est devenu de plus en plus clair que le NON représente aujourd'hui des forces qui, à travers notre histoire récente, ont voulu garder le Québec en arrière, ont voulu garder le Québec petit. Le camp du NON s'est transformé sous nos yeux. Il est devenu le club des milliardaires, le club des privilégiés, arrogants et menaçants. Avant, c'était la Brinks et la Sun Life qui disaient aux Québécois de s'écraser. Aujourd'hui, c'est la Standard Life et Laurent Beaudoin. On a vu leur chef de file, cette semaine, sortir de l'ombre : Monsieur Paul Desmarais, le président de Power Corporation.

« Car il faut se rendre compte : il y a quelques années, sous Robert Bourassa, on avait au Québec l'État Provigo. C'était pas mal, c'était sympathique, un coup de chapeau à l'entrepreneurship québécois, qui entrait dans l'arène politique.

« Mais aujourd'hui, avec Jean Chrétien et Daniel Johnson, le NON, c'est l'État Desmarais. Desmarais, qui n'a pas investi un seul million au Québec depuis 10 ans. Desmarais, qui fait fortune ici, mais qui a utilisé ses profits réalisés au Québec pour investir massivement à l'étranger. Desmarais, que l'ancien employé, Daniel Johnson, remerciait cette semaine – remerciait – pour sa décision courageuse d'avoir gardé son siège social au Québec ces dernières années. Desmarais, qui avait propulsé la carrière politique de Pierre Trudeau, puis celle de Jean Chrétien.

« Aujourd'hui, cette entreprise est au cœur du camp du NON. Le vice-président de Paul Desmarais et ancien chef de cabinet de Jean Chrétien, John Rae, est un des principaux stratèges du camp du NON. Le seul emploi que Daniel Johnson ait jamais occupé dans sa vie fut d'être le conseiller de Paul Desmarais. Son ami Paul Martin est un ancien employé de Paul Desmarais. Et, bien sûr, aux réunions familiales des Desmarais, il y avait Jean Chrétien.

« Pour Jean Chrétien et Daniel Johnson, ceux qu'il faut écouter et obéir, ce ne sont pas les Québécoises et les Québécois, ce ne sont pas les représentants dûment élus, c'est la famille Desmarais. Alors, ne vous étonnez pas, samedi prochain : Jean Chrétien a invité à Montréal le premier ministre chinois Li Peng. Il lui a organisé un beau programme. Il lui a organisé une rencontre privée : pas avec le président de la Banque Nationale, d'Hydro-Québec ou de Cascades, pas avec le ministre québécois du Commerce extérieur ou le maire de Montréal, mais avec la famille Desmarais. »

Toutes les bonnes questions sont soulevées dans ce discours.

Jacques Parizeau a déploré l'absence d'investissement au Québec par les Desmarais tout en rappelant que c'est au Québec qu'ils ont fait fortune. En effet, comment Paul Desmarais s'est-il enrichi ? Nous le savons pour les Péladeau, nous le savons pour les Bombardier-Beaudoin, mais le savons-nous pour les Desmarais ? Quel a été le rôle de l'État dans cet enrichissement ? Quelles sont les dettes cachées de Paul Desmarais ?

L'ancien premier ministre a parlé des millions dont Paul Desmarais n'avait pas investi un sou au Québec depuis 10 ans. C'était en 1995. En fait, 10 ans plus tôt, en 1985, on estimait la fortune personnelle de Paul Desmarais père à environ 500 millions de dollars. Or, en 2008, on l'estime à près de 5 milliards de dollars, soit 10 fois plus importante. Peut-on dire la même chose aujourd'hui qu'en 1995 au sujet des investissements de Power au Québec ?

Autre question soulevée par ce discours : les relations privilégiées des Desmarais avec les dirigeants politiques au Québec et au Canada. Est-ce que les Desmarais passent encore devant l'État québécois et ses représentants, devant le peuple québécois ? Et comment s'établissent ces relations privilégiées ? Quel en est l'effet sur la vie politique, économique, culturelle et sociale ? Alors que, en 1995, on parlait des Jean Chrétien, Paul Martin et Daniel Johnson, en 2008, ces derniers ont fait place aux Jean Charest, Stephen Harper, Stéphane Dion, Bob Rae et autres Nicolas Sarkozy.

Monsieur Parizeau a également pris la peine de parler de John Rae, qui est au service de Power Corporation depuis

1971 et qui a remplacé Claude Frenette, celui qui se vantait que Power utilisait son réseau médiatique pour faire de la propagande. John Rae, qui a été l'organisateur de Jean Chrétien lors des élections de 1993, de 1997 et de 2000. John Rae, que le commissaire Bernard Grenier, de la commission d'enquête sur Option Canada, a pudiquement qualifié de « bénévole du Parti libéral du Canada » au sein d'un sous-comité du Comité pour le NON au référendum de 1995. Le même John Rae qui nous a déclaré sans broncher que le *love-in* du 27 octobre, trois jours avant le référendum, était le fruit de la « conception immaculée et de la combustion spontanée », que l'argent n'y était pour rien, tout en affirmant d'un ton sévère : « *It was profoundly important for us to prevail* » (« Il était primordial que nous vainquions »). Nous savons que John Rae a fait déchiqueter, dans les bureaux de Power Corporation, peu après le référendum, environ 30 boîtes de documents qui portaient, entre autres, sur les dépenses effectuées pendant la période référendaire. Des pages et des pages de listes de personnes qui ont donné de l'argent pour la campagne du NON, talons de chèques et autres documents intéressants.

D'où la question très pointue : pourquoi les Desmarais n'ont-ils jamais embrassé l'idée de la souveraineté du Québec ?

Jacques Parizeau a soulevé aussi le point qui, aujourd'hui, hante presque tous les pays : ces multimilliardaires qui jouent un rôle prépondérant et totalement disproportionné dans la vie politique, souvent au-dessus des autorités élues, alors qu'ils n'ont aucune assise démocratique, leur seule source d'autorité étant la fortune qu'ils ont amassée.

***

Un mot s'impose sur la méthodologie utilisée pour produire ce livre et sur le plan qui en découle. Il s'agit d'un essai politique sur le rôle d'un homme, de sa famille et de son entreprise durant près d'un demi-siècle. Comme Paul Desmarais et ses fils sont extrêmement secrets, refusant d'accorder des entrevues sauf à de très rares occasions et, le cas échéant, avec des conditions inacceptables, nous avons recouru principalement à des sources documentaires, dont les références sont regroupées à la fin du livre par chapitre.

Par ailleurs, vu le grand nombre de personnes qui ont préféré garder l'anonymat, nous avons choisi d'y faire référence seulement pour compléter ou enrichir les informations obtenues des sources documentaires. Il est même étonnant de constater le nombre de personnes ayant demandé de conserver l'anonymat pour parler de Paul Desmarais, même des gens qui n'ont normalement pas besoin de demander la permission à qui que ce soit pour s'entretenir avec un journaliste. Voilà une autre preuve de son pouvoir disproportionné.

En fin de parcours, nous avons demandé une entrevue avec Paul Desmarais en lui soumettant des questions écrites précises soulevées par nos recherches. Cette demande est restée sans réponse. La lettre et les questions sont reproduites en annexe (p. 191). Malgré le secret cultivé par Paul Desmarais et ses fils, ceux-ci ont quand même pris la parole publiquement à maintes reprises entre 1960 et 2008, de sorte qu'on peut se fier à ce qu'ils ont déjà déclaré au moment même où les événements en question se déroulaient. Notons aussi que les quelques fois où Paul Desmarais a acquiescé à une demande d'entrevue, c'était presque toujours à des journalistes anglophones du Canada. Déjà en 1973, Pierre Godin a signalé l'aura de mystère qu'il cultivait : « Ce qui accroît aussi la méfiance publique envers l'homme, écrit Godin, c'est le mystère dont il s'entoure : on sent sa présence partout, mais on ne le voit nulle part. C'est un homme qui semble craindre la lumière. Heureux le reporter (francophone) qui aura pu obtenir de lui une entrevue personnelle. » Plus de 35 ans plus tard, il craint encore davantage la lumière. Même les médias et les journalistes qui lui seraient favorables essuient des refus nets. Diane Francis s'est plainte que ni Paul Desmarais ni ses fils ne lui ont accordé une entrevue pour son dernier livre d'encensement des milliardaires *Who Owns Canada Now*. Même réponse à Konrad Yakabuski du *Globe and Mail* lorsqu'il a fait un grand portrait de la famille Desmarais publié en mai 2006. Le même journaliste du *Globe* s'est dit jaloux du journaliste de l'hebdomadaire français *Le Point* qui a obtenu une entrevue avec Paul Desmarais père. Selon Yakabuski, les fils sont même plus cachottiers que le père. L'émission de Radio-Canada *Les Coulisses du pouvoir*, animée par Daniel Lessard, a essuyé aussi un refus. Et Valérie Lion de l'hebdomadaire français *L'Express* note que Paul Desmarais fils « préfère l'ombre à la lumière ».

Les conditions exigées aujourd'hui par les Desmarais et Power Corporation pour accorder une entrevue sont inacceptables. Le cas de l'interview accordée par Paul Desmarais à l'hebdomadaire français *Le Point* pour le numéro du 26 juin 2008 en est la meilleure preuve. Cet hebdomadaire, pourtant la propriété de la richissime famille française Pinault qui joue dans les mêmes ligues que les Desmarais en Europe, a dû accepter que les censeurs de Power Corporation en revoient, en corrigent et en réécrivent des pans entiers. Heureusement, nous avons obtenu de source sûre la version originale ainsi que les modifications apportées par les censeurs de Power. Les extraits intéressants inédits de cette entrevue sont ainsi présentés tout au long du livre. Les parties que Power Corporation a voulu supprimer sont en caractères gras.

Nous considérons, par ailleurs, que lorsque de puissants dirigeants d'affaires comme les Desmarais cultivent tant le secret et le mystère et agissent dans l'ombre, ils doivent vivre avec la contrepartie de cette cachotterie, c'est-à-dire que les journalistes vont creuser dans l'ombre, percer le mystère et enfin y jeter de la lumière.

Ce livre n'est pas une biographie ni une histoire de Power Corporation, mais un essai politique. Puisqu'il porte sur une période s'étendant à peu près de 1960 à 2008, la trame générale est chronologique pour la simple raison que cela donne au lecteur des repères et facilite la compréhension. Dans la mesure du possible, cependant, nous présentons toujours une vue d'ensemble, ce qui nous amène inévitablement à passer régulièrement des années 1960 aux années 2000 et vice versa.

1

Le Québec :
une terre pour d'éternels minoritaires

Un colonisé c'est
Un homme dépersonnalisé
Qui parle, qui s'habille comme son maître
Le singe et le lit
Et qui au fond
Le hait et l'envie.
Un homme libre
C'est un homme qui n'a pas honte
De ses père et mère
Ni de son milieu
Qui circule tête haute sur la planète
Commandant le respect et la fierté.
Sois toi-même et le roi te recevra.

FÉLIX LECLERC, 1965

L'une des célèbres *Minutes du patrimoine*, qui n'a jamais été diffusée sur les ondes de Radio-Canada, devait porter sur Paul Desmarais. Le concepteur et réalisateur Robert-Guy Scully avait même fait une bande de promotion de cette « minute » mettant en vedette Roch Voisine dans le rôle de Paul Desmarais. Nous en avons obtenu une copie de source sûre. Le tout commence à Sudbury en 1951 où Paul Desmarais (Roch Voisine) parle avec les employés de sa légendaire entreprise d'autobus (voir la photo). L'objectif de ce petit film de propagande, qui faisait partie du scandale des commandites et du plan B postréférendaire, consistait à démontrer que le Canada est un grand pays où même un Canadien français minoritaire de Sudbury pouvait espérer se hisser parmi les plus grands hommes d'affaires du Canada, sinon du monde. La morale : malgré leur condition de minoritaires, les Québécois peuvent réussir et, par conséquent, ils devraient arrêter de se plaindre. Le sort a voulu que les *Minutes du patrimoine*, comme leur concepteur Robert-Guy Scully, quittent les ondes de Radio-Canada avant que celle sur Paul Desmarais soit diffusée. Chapeau à Normand Lester !

L'idée du minoritaire qui réussit à percer au sein d'un *establishment* anglais fermé, voire à le dépasser, revient constamment dans le récit qui s'est imposé sur la vie de Paul Desmarais et qu'il a sans doute aidé à imposer. On l'a même entendu de la bouche de son ami Nicolas Sarkozy lors de la remise de la grand-croix de la Légion d'honneur : « Ton nom, cher Paul, est associé au récit prodigieux d'une ascension prodigieuse et à maints égards unique au monde ; comment tu es parti de ta petite ville de l'Ontario pour arriver à bâtir un empire industriel et financier... » C'est d'ailleurs ce récit que l'on trouve dans la biographie autorisée écrite par Dave Greber en 1987, livre que Paul Desmarais a fait circuler lui-même en Europe. Le même récit revient également dans les ouvrages de Peter C. Newman et de Diane Francis. Fait à noter, ce sont tous des journalistes de langue anglaise, très canadiens, vivant à l'extérieur du Québec : Peter C. Newman et Diane Francis à Toronto, et Dave Greber, mort en 2000, à Calgary.

Ces journalistes, qui prétendent admirer Paul Desmarais, présentent ce récit non pas sans un certain plaisir. D'abord, le récit du minoritaire les conforte dans leur propension à regarder les Québécois et les Canadiens français avec condescendance. Ainsi, Paul Desmarais n'a pu réussir en affaires que parce qu'il est Canadien français, font-ils remarquer. Il n'a pu accéder aux conseils d'administration que grâce à une certaine rectitude politique qui a fait en sorte que, à partir des années 1960, il était de bon ton d'intégrer ici et là quelques « parlants » français. Peter C. Newman, doyen des journalistes politiques et du monde des affaires canadiens, écrit dans son ouvrage marquant *L'establishment canadien, ceux qui détiennent le pouvoir*, publié en 1975 : « Le fait que Paul Desmarais soit un Canadien français est grandement responsable de son succès. »

Diane Francis, plus à droite que Newman, est une grande admiratrice des milliardaires, y compris de Paul Desmarais. Mais dans son livre *Le Monopole* publié en 1987, elle répète sensiblement la même thèse :

> « À son arrivée [à Montréal], il découvrit qu'une nouvelle réalité politique francophone avait vu le jour au cours des années 1960 et qu'elle lui ouvrait la voie du succès. Au fur et à mesure que se faisait sentir, au niveau provincial d'abord, puis au niveau national, l'urgence de donner la priorité au bilinguisme, les sociétés commerciales importantes entreprirent de recruter, pour siéger à leurs conseils d'administration, Desmarais ainsi que d'autres importants hommes d'affaires francophones. Ce qui, à l'origine, avait été un geste symbolique, permit à Desmarais d'accéder à des postes clés. On lui offrit les prestigieux postes de direction qui allaient bientôt faire sa richesse. »

Paul Desmarais n'aurait donc pas réussi parce qu'il le méritait, mais parce qu'il était un Canadien français minoritaire qui a bénéficié de largesses inaccessibles à d'autres. En faisant le portrait des milliardaires qu'elle admire tant, Diane Francis précise que Paul Desmarais est le Canadien français le plus riche au monde, mais qu'il n'y en a que deux dans les ligues majeures des multimillionnaires. L'autre était Robert Campeau, originaire lui aussi de Sudbury. Tous deux, selon elle, n'auraient réussi que parce qu'ils venaient de la minorité. Robert Campeau, pour sa part, a perdu sa fortune à la suite de la crise de l'immobilier en 1989.

Diane Francis a repris cette même idée dans son livre *Who Owns Canada Now* (« Qui possède le Canada maintenant ? »), publié en anglais seulement, au début de 2008. Selon elle, quand Paul Desmarais a commencé à monter dans les années 1960, il était « présentable, en plus d'être politiquement correct parce qu'il était Français. » (« *presentable, as well as politically correct because he was French* »). Pour étayer sa thèse, elle cite comme l'Évangile une déclaration de Jack Cockwell, un financier torontois originaire de l'Afrique du Sud, selon laquelle Paul Desmarais aurait profité de cet avantage en 1970 pour prendre le contrôle de la Great-West Life, sans quoi il n'aurait pas réussi le coup. « Cette prise de contrôle a bouleversé tout le monde au Québec, dit Cockwell. Finalement, Neil [Baker, un conseiller des Bronfman] a donné l'entreprise à Desmarais sur un plateau d'argent parce qu'il était Français, ou politiquement correct. » (« [...] *gave the company on a platter to Desmarais because he was French, or politically correct.* ») Cette attitude à l'égard d'un minoritaire n'est pas propre au Canada. Pendant les primaires démocrates du printemps 2008, on a entendu pareille affirmation notamment de la bouche de la démocrate Geraldine Ferraro lorsqu'elle a déclaré que Barack Obama avait un avantage parce qu'il était Noir et que « s'il avait été Blanc, il ne serait pas dans cette position ».

Pour ces journalistes faiseurs d'opinions, le récit du minoritaire prospère représente aussi un puissant pied de nez aux souverainistes québécois. Ainsi, ils font jouer à Paul Desmarais le traditionnel rôle d'homme de paille ou de roi nègre chargé de remettre les Québécois à leur place. C'est ce même rôle que le Canada a fait jouer à Pierre Trudeau et à Jean Chrétien, qui étaient tous deux bien heureux de le jouer par ailleurs. Le rôle est résumé succinctement dans l'anecdote racontée fièrement par Jean Chrétien dans sa première autobiographie. En 1968, un conservateur de la Colombie-Britannique a expliqué à Jean Chrétien pourquoi il allait voter libéral : « C'est parce que ce type, Trudeau, va remettre tous ces m... *frogs* à leur place une fois pour toutes. » (« *Because that guy Trudeau will put those god damn frogs in their place once and for all.* »)

Ainsi, Peter C. Newman écrit : « Pour les Canadiens français qui croient à la fois au fédéralisme et au capitalisme, Desmarais a valeur de symbole, car il prouve que l'on peut réussir à l'intérieur du système. Mais pour les nationalistes radicaux, il personnifie l'ennemi. » Newman ajoute carrément que les hommes d'affaires de l'*establishment* canadien l'ont perçu exactement comme ça et qu'ils lui ont ouvert des portes dans le but de protéger leurs intérêts financiers hautement liés au maintien de l'unité canadienne. Ce qui a sans doute été le cas de la Banque Royale du Canada, qui a soutenu Paul Desmarais pendant des décennies.

Dans son entrevue à l'hebdomadaire français *Le Point*, en juin 2008, Paul Desmarais a pris la peine de préciser le rôle de la Banque Royale lors de sa prise de contrôle de Power Corporation : « Un jour j'ai fini par mettre la main sur Power Corp, ancienne compagnie d'électricité transformée en *holding*, dit Paul Desmarais. De bons amis à la Banque Royale m'ont accompagné. » En effet, dans le système bancaire et financier canadien, jamais un jeune loup ne pouvait espérer prendre le contrôle d'une entreprise de l'envergure de Power Corporation sans avoir, au préalable, l'approbation d'au moins une partie de ce club fermé qu'est le petit monde des grandes banques canadiennes anglaises. Les qualifiant de « gardiens du temple », Peter C. Newman note en 1975 qu'« avec la gestion de plus de 100 milliards de dollars, les hommes qui dirigent les banques du Canada règlent l'économie de la nation. Ils choisissent celui qui réussira et celui qui échouera, agissant comme des arbitres du système. » Il ajoute, à titre d'exemple, que Earle McLaughlin « en tant que président du conseil de la Banque Royale aurait pu facilement interrompre la course au pouvoir de Paul Desmarais en 1970, lorsque Power Corporation connut des difficultés avec la Consolidated-Bathurst ». La Banque Royale, réputée très proche du Parti libéral du Canada, avait le pouvoir de faire et de défaire Paul Desmarais. Mais l'*establishment* canadien et le Parti libéral du Canada avaient besoin d'hommes d'affaires comme lui pour protéger leurs intérêts et faire obstacle à l'indépendance du Québec.

Ce constat, qui n'enlève rien à Paul Desmarais, est terriblement accablant pour le Canada qui refuse d'adouber les hommes d'affaires issus de sa principale minorité, à moins qu'ils fassent non seulement patte blanche sur le plan politique, mais aussi que les conditions politiques objectives l'exigent. C'était le cas dans les années 1960 et 1970. Mais avec la diminution du poids démographique et politique du Québec, qui tombera bientôt sous la barre de 20 % de la population canadienne, cela risque d'être de moins en moins le cas.

On aime présenter Paul Desmarais comme un Canadien français minoritaire, mais en lui attribuant aussi des qualités qui le distinguent du stéréotype qu'on entretient au sujet des Canadiens français et des Québécois. À titre d'exemple, Amy Booth, une journaliste du *Financial Post* qui a suivi la carrière de Paul Desmarais pendant 30 ans jusqu'à sa mort dans les années

1980, disait de lui : « [I]l ne traînait pas avec lui tout le bagage émotif des francophones du Québec, de sorte qu'il possédait les qualités nécessaires pour s'intégrer à ce club sélect. »

Comme Paul Desmarais et ses fils n'accordent que très peu d'entrevues, on doit se rabattre sur celles qui ont été accordées au cours des 50 dernières années et observer certains comportements marquants pour savoir comment la condition de minoritaire a influencé leur parcours et leur vision du Québec comme de son avenir.

Tout porte à croire, en effet, que c'est cette condition de minoritaire qui a amené Paul Desmarais à s'établir au Québec plutôt qu'en Ontario et à bâtir, ou plus exactement à acheter, son propre empire au lieu de grimper les échelons d'empires existants. Dans une rare entrevue accordée à la journaliste montréalaise Sheila Arnopoulos au début des années 1980, Paul Desmarais a posé une question, mais avec sa propre réponse toute faite : « Combien de temps pensez-vous qu'un Canadien français mettrait à s'élever jusqu'au sommet de la Sun Life ? Pas mal longtemps. » Pour le contexte, on se rappellera que la Sun Life venait tout juste de déménager son siège social de Montréal à Toronto pour protester contre l'élection du Parti québécois et l'adoption de la Charte de la langue française.

Cette réponse, ainsi que les études et entrevues que Sheila Arnopoulos a réalisées pour son livre *Hors du Québec point de salut*, ont amené la journaliste à remarquer que « les échelons supérieurs des bureaucraties industrielles et financières sont fermés à tous ceux qui ne font pas partie de l'élite anglo-protestante. C'est surtout pour cette raison qu'ils [Paul Desmarais et Robert Campeau] choisirent d'être des administrateurs propriétaires plutôt que des administrateurs professionnels. » Pourtant, le parcours d'études de Desmarais aurait pu le pousser justement vers les grandes entreprises de l'*establishment* canadien. Après avoir obtenu un diplôme en sciences commerciales de l'Université d'Ottawa, il a fait deux ans d'études en droit à la prestigieuse faculté de droit d'Osgoode Hall, à Toronto. C'était le parcours idéal pour un homme d'affaires ontarien, et ce parcours l'aurait amené directement à Bay Street. Mais Paul Desmarais a donné une autre raison pour expliquer pourquoi il a suivi un tout autre chemin : « Les Canadiens français qui se sentent menacés se sont toujours tournés vers le Québec. Cela fait partie de leur conscience et cela fait partie de la mienne. »

***

Comment peut-on résumer la condition de minoritaire canadien-français à Sudbury dans le nord de l'Ontario de 1927 à 1955 ou à Ottawa de 1955 à 1960 ? Paul Desmarais est né en 1927 en Ontario, où les francophones subissaient encore les contrecoups du règlement 17, ce règlement du ministère de l'Éducation de l'Ontario qui interdisait l'enseignement du français dans les écoles de cette province. Le combat contre ce règlement a amené des dirigeants québécois, dont Henri Bourassa, à traiter ses auteurs de « Prussiens de l'Ontario » (lire les Allemands de l'Ontario) en pleine Première Guerre mondiale et à s'opposer avec force à la conscription : pourquoi se battre pour la liberté sur un sol étranger alors qu'on n'a pas de liberté chez nous ? Paul Desmarais est né aussi quelques années avant la naissance, dans une petite ville voisine, des quintuplées Dionne, qui a renforcé la grande frousse démographique qui secouait le Canada anglais et protestant, cette « *great fear of being outnumbered* », peur d'être mis en minorité par les Canadiens français, selon l'historien Arthur Lower. Car, dans les années 1920 et 1930, les recensements canadiens indiquaient que le pourcentage de la population canadienne de langue française grimpait par rapport aux Canadiens d'origine britannique ! Une grande frousse accompagnée d'une obsession militante pour conserver un Canada résolument anglais.

Nombreux sont les études et les témoignages qui nous donnent une bonne idée de la situation en Ontario au moment où Paul Desmarais grandissait. Parmi les plus éloquents : *Les Héritiers du Lord Durham*, publié par la Fédération des Francophones Hors Québec en 1977 ; *Hors du Québec point de salut* de Sheila Arnopoulos cité ci-dessus ; les documents du rapport Laurendeau-Dunton de la commission du même nom ; ainsi que le *Journal* d'André Laurendeau publié posthume en 1990. Nous ne tenterons pas ici de résumer ces études ni celles réalisées depuis les années 1980 qui démontrent des taux d'assimilation ahurissants, car tel n'est pas le sujet de ce livre. Sauf peut-être cette note dans le *Journal* d'André Laurendeau du 5 mai 1964. Sous le titre *Speak White*, un vrai canadianisme s'il en est et qui est aussi le titre du célèbre poème de Michèle Lalonde, André Laurendeau a écrit : « [T]rès souvent j'ai demandé à des Acadiens et à des Canadiens français de l'Ouest s'ils s'étaient déjà fait apostropher de la sorte. Si j'y avais pensé, j'aurais pu accumuler à ce sujet un véritable sottisier. » Après avoir noté le cas particulièrement éloquent d'un homme qui se l'est fait dire souvent, généralement suivi d'une sommation de retourner au Québec, Laurendeau a ajouté : « En somme, le fait de parler français paraît irriter les anglophones plus que le fait d'être Canadien français. »

Autrement dit, le Canada anglais est anglais, point final ! Dans l'entrevue non censurée de Paul Desmarais de juin 2008, on s'aperçoit justement que c'est de cette façon qu'il perçoit le Canada et surtout l'Ontario : anglais, point final. Malgré les discours officiels lénifiants, Paul Desmarais ne semble pas croire un iota au « million de Canadiens français » hors des frontières du Québec :

> « *Le Point* : Vous sentez-vous québécois ?

> « Paul Desmarais : Mais pourquoi vous me posez cette question ?

> « *Le Point* : Parce que vous êtes né dans l'Ontario.

> « Paul Desmarais : **Je suis Québécois parce que je vis ici et que je parle français. Et je suis Ontarien en même temps parce que je parle anglais.** »

(Notons que Power Corporation a remplacé cette phrase par : « Je suis franco-ontarien de naissance. J'ai choisi le Québec pour y vivre. »)

Dans d'autres entrevues, Paul Desmarais a donné lui-même un aperçu de ce que la condition de minoritaire canadien-français en Ontario représentait pour lui. Dans la biographie à laquelle il a collaboré ou dans quelques autres entrevues, on apprend que la famille Desmarais, tout en tenant au français, n'utilisait cette langue qu'à la maison, car c'est l'anglais qui s'imposait à l'extérieur de celle-ci. Que c'était difficile pour lui de parler français à Sudbury. Que dans les années 1930, les Franco-Ontariens ne réclamaient pas une plus grande reconnaissance de leurs droits linguistiques et que le français n'était « qu'une langue parmi d'autres à Sudbury ». Qu'il se faisait « reprocher à l'occasion de parler français, mais que les jeunes italophones ou germanophones subissaient le même genre de reproches, de sorte que tout le monde était sur un pied d'égalité ». Et d'ajouter son biographe : Paul Desmarais est par conséquent tolérant et ouvert aux anglophones, capable de faire des ponts, alors que les Québécois ne le seraient pas parce qu'ils tiennent trop au français. Le message : l'anglais = ouverture, le français = fermeture.

On dit que le pouvoir est la capacité d'imposer aux autres sa vision de leur réalité. Le pouvoir canadien-anglais serait donc la capacité d'imposer à la minorité canadienne-française sa vision de leur réalité. Cette vision canadienne-anglaise de la minorité au moment où Paul Desmarais grandissait dans le nord de l'Ontario pourrait se résumer comme suit : le français est une langue étrangère, une langue d'immigrant, comme l'italien, le finlandais, l'ukrainien ; elle peut être tolérée, mais seulement à la maison, en tant que langue familiale ; le français parlé par « ces gens-là » n'est pas du vrai français ni une vraie langue, mais plutôt un patois ; ce n'est pas la peine d'apprendre cette langue parce qu'ils parlent tous l'anglais et, après tout, c'est nous qui avons gagné la bataille des plaines d'Abraham ; les Canadiens français sont inféodés à l'Église catholique et au pape, ce qui explique leur état arriéré ; les Canadiens français sont tous des émotifs et ne peuvent se plier aux exigences, aux rigueurs et à la rationalité des affaires ; et le foyer de tout ça, c'est le Québec. Ce portrait brossé à grands traits est dangereusement sommaire. Mais l'auteur de ces lignes, qui a grandi également dans le nord de l'Ontario 20 ans après Paul Desmarais, a entendu chacun de ces préjugés – et souvent pire – prononcés plus d'une fois par des gens bien placés.

Vivre dans le cadre d'une définition que d'autres font de soi-même est débilitant. À force de se faire dire qu'on est comme ceci ou comme cela, on finit par se définir soi-même de la même façon. Cela mène tout droit à des comportements schizophrènes qui sont décrits avec éloquence dans la littérature de la décolonisation, où Albert Memmi, Aimé Césaire et

Frantz Fanon figurent parmi les plus grands. Dans son ouvrage *Peau noire masques blancs*, dont le titre dit tout, Frantz Fanon qualifie ce processus d'«imposition culturelle irréfléchie» où l'on adopte l'inconscient collectif de la majorité. Dans les cas cités par Fanon, ce sont des Martiniquais qui se croient Blancs et qui ont les mêmes fantasmes que les Européens ainsi que les mêmes préjugés à l'égard des «nègres».

Dans *Le Canadien français et son double*, en traitant du dédoublement de la personnalité, Jean Bouthillette est arrivé à une conclusion semblable, mais collée à la réalité canadienne :

> «Cette ambiguïté [qui] est à la source de l'opportunisme politique de notre "bourgeoisie tradi-tionnelle", qui fut – et est encore [en 1972] – à la fois nationaliste et "collaboratrice", son instinct de survie lui commandant à la fois, pour se tenir en selle, de flatter le peuple par des slogans autonomistes et de rassurer l'Anglais en l'assurant de notre docilité. Le dédouble-ment de la personnalité a conduit tout naturellement au double jeu politique, caractéristique des peuples dominés.»

S'affranchir de la définition que les membres d'une majorité imposent à une minorité vivant parmi eux n'est pas facile. Le mouvement indépendantiste québécois n'a-t-il pas vu le jour au tournant des années 1960 justement pour permettre aux Canadiens français de s'affranchir de la définition qu'on fai-sait d'eux ? S'affranchir d'un cadre de vie collective qui était en tous points défini par le Canada anglais, jusqu'au cœur de la vie politique ? Il est intéressant de relire un discours prononcé par Pierre Bourgault lors d'une assemblée du Rassemblement pour l'indépendance nationale en décembre 1961. C'était un peu plus d'un an après l'arrivée de Paul Desmarais à Montréal. Dans ce discours, Bourgault répondait à ses adversaires politiques, dont Lester B. Pearson, Guy Favreau et Louis Saint-Laurent :

> «Ce n'est pas la faute des Anglais que nous som-mes séparatistes. Nous le sommes par notre propre volonté et par notre sentiment de dignité. Nous avons entendu plusieurs d'entre vous déclarer dernièrement

que le séparatisme prendrait de la force ou disparaîtrait complètement selon l'attitude plus ou moins intelligente, plus ou moins raisonnable de nos compatriotes de langue anglaise. Non, mille fois non. Messieurs les Anglais n'ont rien à voir dans l'affaire, et c'est à nous, et à nous seuls, qu'incombe la responsabilité de nos actions. Croyez bien, messieurs, que le temps est révolu où nos succès et nos insuccès étaient portés sur le dos des autres. Cette fois-ci et pour toujours, c'est nous qui décidons. Sachez donc une fois pour toutes que l'attitude du Canada anglais, hostile ou aimable, indifférente ou généreuse, ne changera absolument rien à notre volonté d'être maîtres chez nous. »

Ce discours est un refus catégorique de se faire définir par d'autres ! Pendant toutes les années 1960, ce refus sera l'épine dorsale du mouvement indépendantiste croissant. Il se fera sentir sur les plans économique, social, culturel et politique, bref, dans tous les aspects de la vie québécoise. En revanche, Paul Desmarais, qui arrivait de Sudbury en passant par Ottawa, semble malheureusement avoir fait sienne la définition de minoritaire que le Canada avait imposée aux Canadiens français et aux Québécois, et il l'a gardée depuis.

Les décisions que quelqu'un prend à l'égard de l'éducation de ses enfants reflètent sans doute beaucoup mieux ses croyances et sa pensée que toutes ses déclarations aux journalistes. À en juger par la volonté de Paul Desmarais de léguer même son prénom à un fils et son empire aux deux fils – et à ses filles, si elles l'avaient bien voulu –, on peut présumer que sa décision quant à la langue d'instruction de ses enfants reflète assez justement sa vision du rôle du français et de l'anglais au Québec et au Canada. Paul fils a été envoyé au prestigieux collège privé anglais Lakefield, au nord de Peterborough, et ses propres enfants ont fréquenté la même école. Quant au second fils André, il a fréquenté Selwyn House, école privée anglaise non subventionnée, où il était coprésident honoraire de la campagne de financement en 2008 (Selwyn House est cette école privée huppée qui a été bouleversée en 2008 par des poursuites relatives à de la pédophilie). Par cette décision, Paul Desmarais et ses fils mettent en pratique ce que la situation de minoritaire à Sudbury leur aura inculqué : le français se parle à la maison, l'anglais, partout ailleurs. Alors que Paul Desmarais père a étudié à l'école française à Sudbury, ses enfants et petits-enfants ont fréquenté l'école anglaise (Notons que les Desmarais ne sont pas seuls à agir de la sorte : le risible Maxime Bernier, celui qui devait incarner le nationalisme québécois au sein du cabinet de Harper, a envoyé ses deux filles dans une école privée anglaise dès la maternelle. Selon lui, ses filles réussiront ainsi à parler anglais sans un accent français comme le sien. Comprendra-t-il enfin que ce n'est pas son accent français quand il parle anglais qui le rend ridicule ?).

La contrepartie de cette anglophilie rampante illustrée par la langue d'instruction choisie pour ses enfants est une francophilie surprenante – amour de la France s'entend –, exprimée par l'architecture des bureaux et des domaines, mais aussi sur le plan de la langue. Entrer au siège social de Power Corporation, 751, square Victoria, pour une entrevue avec John Rae, c'est comme pénétrer dans le château de Versailles pour voir le ministre des Affaires politiques et législatives de Louis XIV. Plafonds très hauts et très ornés, comme à Versailles, grande fresque de la carte du Canada du XVIIIe siècle, comme à Versailles, gardiens et réceptionnistes qui disent « Oui, monsieur – *Yes, sir* », comme à Versailles (sauf pour le « *Yes, sir* »), statues de dieux et de déesses classiques, comme à Versailles, tables peu nombreuses mais datant aussi du XVIIIe, également comme à Versailles. Dans la pompe, le faste et la politesse du 8e étage de chez Power – il y a, en fait, deux étages qui n'en font qu'un seul pour permettre un plafond haut, comme à Versailles – se trouvent les bureaux de sire Paul Desmarais I et de ses héritiers Paul II et André. Et le domaine de Sagard ressemble à un château d'aristocrate de l'époque de Louis IV.

Selon Valérie Lion, rédactrice en chef adjointe de la section Économie de l'hebdomadaire français *L'Express*, Paul Desmarais fils « est sans aucun doute le plus parisien des Canadiens, tout juste trahi par son accent québécois ». Elle ajoute qu'il est « très admiratif de l'élocution des Français, il travaille assidûment la langue de Molière, fasciné par des expressions qui lui semblent le comble de la francité, telle cette "écume des jours" évoquée par le baron Seillière au détour d'un discours». Cet engouement pour le « *Parisian French* » proviendrait-il de son expérience dans ce collège anglais huppé en Ontario et des milieux d'affaires torontois où on peut souvent entendre : « *I don't understand French Canadians because I learned Parisian French* » (« Je ne comprends pas les Canadiens français parce que j'ai appris le français parisien ») ? L'auteure a entendu cette comparaison au *Parisian French* très souvent, à Toronto et ailleurs au Canada, de gens qui parlaient à peine le français et qui venaient parfois des collèges privés du même genre que celui fréquenté par Paul Desmarais fils. Pour ceux qui pensent que ces temps sont révolus, on notera que le transporteur Air Canada garde cette idée bien vivante. Les voyageurs qui regardent un film sur un vol international ont le choix de la langue présenté comme suit : « *English 1, French (Parisian) 2, Spanish 3* », etc. C'est comme si, au Québec, il n'y avait pas de langue, seulement un patois. Lorsqu'on s'entiche autant du français de France que de l'anglais de l'Amérique, comme le fait Paul Desmarais fils, quelle place reste-t-il pour le français du Québec et pour ceux qui le parlent ?

Ce n'est pas que sur le plan de la langue que Paul Desmarais montre qu'il a fait sienne la vision canadienne des Canadiens français et des Québécois. Pendant la grève de *La Presse* en 1971-1972, il a accordé une longue entrevue à *The Gazette*, entre autres pour dénoncer les journalistes qui voulaient avoir plus de latitude quant au contenu du journal. Répondant à une question sur la qualité du journal au moment où il l'avait acheté en 1967, Paul Desmarais a déclaré :

> « Eh bien, en termes de contenu, les gars qui écrivent le journal, ils sont des Québécois et j'imagine que la tradition journalistique dans la province de Québec n'est probablement pas la même que dans le reste du pays. Les gars sont beaucoup plus émotifs ici. Je me suis souvent demandé s'ils sont aussi objectifs que les journalistes dans le reste du pays. [...] Parfois, ils s'emballent avec leurs émotions. On aimerait qu'ils aient plus de faits. »

Encore cette émotivité qui, cette fois, empêcherait les journalistes québécois d'être objectifs, comme le seraient les journalistes du Canada anglais.

Pendant la première moitié des années 1970, même s'il cultivait soigneusement le silence, Paul Desmarais a accordé quelques entrevues à Peter C. Newman pour son livre sur l'*establishment* canadien. Ce livre a inspiré une série documentaire de six épisodes réalisée en 1981 par le réseau anglais de Radio-Canada et doublée et diffusée en français. L'épisode sur Paul Desmarais animé par le journaliste Patrick Watson a été présenté à la télé de Radio-Canada le 6 janvier 1982. Dans ces entrevues, comme dans celle qu'il a accordée à Newman dans les années 1995 pour un autre livre, Paul Desmarais reconnaît clairement qu'il joue le rôle du minoritaire prospère, ce qui plaît à l'*establishment* canadien et aux journalistes canadiens :

« J'ai le sentiment qu'en tant que Québécois impliqué dans l'économie nationale, je me dois d'autant plus de réussir. Un Canadien français qui réussit détruit l'argument des séparatistes qui prétendent que le succès du Québec est impossible à l'intérieur du Canada. Aussi ces séparatistes attaquent-ils ce Canadien français et essaient de l'abattre pour justifier leur position et décourager les autres d'essayer. [...]

« Le Québec est une société financièrement repliée sur elle-même. On ne voit pas beaucoup de Canadiens français présidents d'une de nos institutions nationales dans le monde des affaires : je veux dire les banques, les compagnies d'assurances, les trusts, les compagnies de pétrole, les mines, les compagnies d'acier, de transport, etc. Ce que je voudrais, c'est que ces Canadiens français parviennent à en faire partie et aient le sentiment d'en faire partie. Une fois qu'ils auront compris comment cela fonctionne, eh bien, ils se sentiront chez eux. Ce sera extraordinaire. »

Assumer le rôle du minoritaire prospère, mais sévère avec ses cominoritaires, voilà ce qu'il fallait faire pour se faire accepter par l'*establishment*. Mais Newman a observé que même cela ne suffisait pas, car ces bonnes gens de l'*establishment* voulaient le faire se sentir comme « un novice priant dans le froid au fond de cet abbaye qu'est l'establishment ». Ainsi, comme arme la plus efficace, cet *establishment* s'est organisé pour « faire baisser – juste un peu – la cote des actions de Power Corporation sur le marché ».

Ayant élevé le rôle du minoritaire prospère à l'état de *credo* politique, Paul Desmarais se trouvait avec très peu d'options lorsqu'il se voyait aller de rebuffade en rebuffade, caractérisée toujours par la discrimination, voire le racisme. Les exemples d'Argus en 1975 et du Canadien Pacifique en 1982 que nous verrons plus loin n'en sont que les plus éloquents. Il avait deux possibilités : abandonner ce *credo* politique et embrasser le *credo* collectif québécois incarné par le mouvement souverainiste, ou se résigner à accepter le Canada tel qu'il est et le Québec tel que le Canada veut qu'il soit, en étant conforté dans l'idée que, même étant minoritaire, sa fortune personnelle serait la plus importante au Québec et qu'elle figurerait parmi les plus importantes au Canada. Peut-on dire que vous êtes le Québécois le plus riche, lui a demandé *Le Point* ? « **Oui vous pouvez le dire** », a-t-il répondu, mais les censeurs de Power ont supprimé cette phrase. Bref, voir le Québec comme un ensemble qui s'enrichit collectivement ou continuer de voir le Québec comme un outil qui lui permettrait de poursuivre son enrichissement personnel. Reprenons encore les mots de Jean Bouthillette de 1972 :

> « Malgré notre personnalisation de fait, le pouvoir économique anglophone n'en exerce donc pas moins sur nous une action dépersonnalisante et d'autant plus corrosive qu'elle est détournée. Car ce n'est pas la collectivité comme telle que la dépossession linguistique atteint d'abord dans son existence distincte, mais l'individu qu'elle isole au sein d'un pouvoir économique qui lui échappe. Isolé l'individu, la collectivité est désolidarisée, compromise dans sa cohésion même, émiettée. Face au pouvoir économique anglophone, le Canadien français est seul et impuissant. »

L'impact de l'un ou de l'autre des choix devant Paul Desmarais allait être considérable, tant pour lui-même que pour le Québec. Tout porte à croire, cependant, que Paul Desmarais savait toujours que le Québec pouvait réussir comme pays indépendant. Par ailleurs, il a donné ses recommandations pour la réussite d'un Québec souverain dans son interview au *Point*, c'est-à-dire avant que les commissaires à l'information de Power ne la censurent :

> **« C'est simple, si vous voulez être indépendant, il faut une économie qui marche à fond de train, une économie très forte. Il faut se passer des subsides d'Ottawa, se battre sur la technologie, la productivité. Aujourd'hui, pour être indépendant, il faut être très fort économiquement. »**

Power a remplacé cette description percutante faite par son fondateur et président par un texte inodore et incolore que Paul Desmarais n'a jamais prononcé. Voici ce qu'on nous a permis de lire dans *Le Point* :

> « Un Québec fort dans un Canada fort a toujours été la meilleure solution et le meilleur choix pour les Québécois, les francophones hors Québec et les autres citoyens canadiens. En fin de compte, la grande majorité des Québécois ont toujours compris ça. C'est un pays merveilleux. »

Si Paul Desmarais avait mis en pratique ses propres recommandations pour la réussite d'un Québec souverain et abandonné le *credo* politique du minoritaire prospère, on ne peut qu'imaginer quel aurait été l'impact positif sur la vie collective du Québec : à titre d'exemple, le OUI l'aurait emporté en 1995 ne serait-ce que parce que Paul Desmarais aurait permis à ses médias de présenter l'idée de la souveraineté avec une certaine ouverture au lieu de la combattre vigoureusement ; aussi, son seul exemple d'homme d'affaires qui s'affiche en faveur du projet aurait eu un impact marquant auprès du monde des affaires du Québec. Mais prendre cette voie aurait exigé que le clan Desmarais mette de l'eau dans son vin, accepte que peut-être sa fortune personnelle ne croîtrait pas de façon vertigineuse, que les domaines de Sagard et du lac Memphrémagog soient un peu moins luxueux, et surtout, surtout qu'il reconnaisse le rôle de l'État québécois. Car s'il est clair que le système économique et politique du Canada ne permet pas à un homme d'affaires issu de sa principale minorité de monter dans les hautes sphères sans faire patte blanche sur le plan politique et accepter le rôle de minoritaire prospère, il est aussi limpide que le seul outil collectif appartenant aux Québécois qui permettra au Québec d'être « **très fort économiquement** », comme le préconise Paul Desmarais, c'est leur État.

Paul Desmarais et ses fils ont adopté la seconde option, soit d'être d'éternels minoritaires prospères qui ont réussi malgré leur condition de minoritaire. Ils sont en cela de purs produits du règlement 17 en Ontario qui a interdit le français dans l'éducation à partir de 1912. La contrepartie de ce choix est toutefois incontournable dans le cadre canadien, soit la vengeance du minoritaire qui tente de se faire reconnaître sur le terrain du tout-puissant. Ainsi, pour que ces minoritaires prospères continuent de prospérer, la minorité doit demeurer minoritaire et accepter de se faire définir par d'autres et de vivre dans le moule qui lui est assigné. « L'affirmation individuelle, note Bouthillette, se fait contre celle de la collectivité, et parfois par son rejet. » Au mieux, ils s'enticheront de la forme non contestée de la culture française – celle de Paris –, mais relégueront à la sphère privée leurs propres langue et culture, sources de honte. La collectivité minoritaire doit être suffisamment tranquille pour ne pas perturber le ronron des affaires, mais peut parfois hausser le ton, question de rappeler son existence et, par la même occasion, l'existence et l'importance de celui qui joue le rôle du minoritaire prospère. C'est sous cet angle qu'on peut saisir, en bonne partie, le rôle politique et économique des Desmarais et de leur empire au Québec, hier et aujourd'hui.

Depuis que leurs intérêts économiques et leur fortune personnelle dépendent peu ou ne dépendent plus des activités de l'entreprise au Québec, le point tournant, comme nous le verrons, étant la vente de la Consolidated-Bathurst et du Montréal Trust en 1989, ils n'interviennent au Québec que par leurs journaux – 70 % de la presse écrite – et par une participation importante dans une kyrielle d'organismes et d'institutions. Le Québec n'étant plus qu'un outil ou un faire-valoir leur permettant de se positionner au Canada et dans le monde et de poursuivre leurs ambitions, leur objectif au Québec consiste surtout à maintenir le *statu quo* et à éviter que le Québec fasse bande à part. Par conséquent, dans les dossiers politiques chauds pour le Québec, ils feront tout pour empêcher qu'on brasse la cage. La Bourse ira à Toronto ; Christine Lagarde, ministre des Finances de la France, qu'ils connaissent bien grâce à l'ami Sarkozy, fera son premier discours important au Canada à Toronto, pas à Montréal ; Montréal sera reléguée au second plan, sinon plus loin, même derrière Calgary ; les outils collectifs du Québec, comme la Caisse de dépôt et de placement, ne s'occuperont plus du développement collectif du Québec, mais seulement du rendement ; les autres pans du modèle québécois bâti autour d'une certaine idée collective du Québec devront être abandonnés ; les syndicats doivent se mettre à genoux ; le français, cœur de l'identité collective, sera battu en brèche à Montréal et ailleurs ; la francophonie perdra du terrain en Afrique, en Europe partout ; peu importe, le Québec n'est que le foyer d'une minorité. Les Québécois doivent l'accepter et ne garder que l'aspiration de devenir des minoritaires prospères, comme les Desmarais. Aujourd'hui et pour toujours.

Mieux vaut jouer à la loterie.

2

De la Muraille de Chine à la grand-croix de la Légion d'honneur

Sorti d'une réunion avec le propriétaire
de La Presse, *il* [Roger Lemelin] *me convoqua pour*
m'annoncer que je devais renoncer à la publication
d'un livre sur René Lévesque en période électorale. Ordre.

ALAIN STANKÉ,
directeur des Éditions La Presse en 1973

On pourrait définir le pouvoir comme la capacité d'empêcher que son nom paraisse dans les journaux. Être en mesure de tirer les ficelles du pouvoir, de faire prendre des décisions politiques, de provoquer des événements importants, tout en empêchant les médias d'en parler. Ou, s'ils en parlent, que ce soit dans le sens que l'on veut. Le propriétaire de Power Corporation semble avoir élevé cette définition du mot « pouvoir » en règle d'or. Pour l'illustrer, voici un événement marquant de 2008, mais surtout un autre événement charnière survenu 40 ans plus tôt et qu'on peut appeler celui de la « Muraille de Chine autour du Québec ».

Tout le monde sait maintenant que, dans l'après-midi du vendredi 15 février 2008, Nicolas Sarkozy a réuni un groupe de milliardaires et leurs familles – et le premier ministre du Québec Jean Charest – à l'Élysée à Paris pour une cérémonie de remise de la grand-croix de la Légion d'honneur française, distinction suprême donnée par l'État français, très rarement décernée à un étranger. Cette cérémonie au cours de laquelle un citoyen canadien reçoit un titre d'un gouvernement étranger serait normalement un événement hautement public et publicisé. On se rappellera comment le gouvernement du Canada s'est démené pour empêcher le Royaume-Uni de conférer à Conrad Black le titre de *Lord Black of Crossharbour*, allant jusqu'à exiger qu'il renonce à sa citoyenneté canadienne, ce qu'il a fait tellement il voulait devenir un lord. Or, la cérémonie de remise de la grand-croix de la Légion d'honneur française s'est déroulée dans le secret absolu, exception faite du journaliste Louis-Bernard Robitaille du quotidien *La Presse* appartenant à Paul Desmarais lui-même. Christian Rioux, correspondant du *Devoir* à Paris, raconte :

> « L'ambassade du Canada à Paris, la délégation générale du Québec à Paris, le bureau du premier ministre du Québec et l'Élysée étaient tous dans le coup et ils nous l'ont complètement caché. Alors qu'on nous achale souvent pour qu'on couvre ce genre d'événement, pour cette remise, pas la moindre annonce. L'Élysée publie toujours le programme de la journée du président Sarkozy, mais dans ce cas, l'Élysée aussi a tu l'affaire. »

À part le journaliste de *La Presse*, les journalistes québécois à Paris l'ont appris sur le tard, seulement lorsqu'ils ont entendu que Jean Charest serait de passage à Paris. Et quand Christian Rioux a appelé le porte-parole du premier ministre Charest, Hugo D'Amours, celui-ci a dit que M. Charest faisait un aller-retour rapide pour des raisons strictement personnelles. Pas un mot sur la remise de la grand-croix alors que les photos étaient déjà prises et prêtes à paraître dans les journaux de Gesca au Québec, photos de tout ce beau monde ainsi qu'une belle photo d'un triumvirat se donnant la main : Paul Desmarais, Nicolas Sarkozy et Jean Charest. Christian Rioux a même déposé une plainte à l'ambassade du Canada pour avoir caché l'événement au public.

Si on compare la remise secrète de la grand-croix à Paul Desmarais à la remise en grande pompe de la médaille de chevalier de la Légion d'honneur trois mois plus tard à Céline Dion, on apprécie l'importance de l'effort de contrôle déployé par l'État Desmarais, d'autant plus que le titre de chevalier donné à Céline Dion est la distinction la moins haute des cinq distinctions possibles. Dans l'ordre croissant, il y a chevalier, officier, commandeur, grand officier et grand-croix. Tous les médias ont été convoqués à la remise de la médaille de chevalier à Céline Dion, et tous ou presque s'y sont présentés.

Bref, Paul Desmarais a réussi à faire en sorte que l'ambassade du Canada, la délégation du Québec, le gouvernement de la France et le bureau du premier ministre du Québec mangent dans sa main en se pliant à sa volonté de garder cet événement secret, sauf pour l'article rédigé par un journaliste travaillant pour le journal qui lui appartient. Donc, contrôle total de l'information : voilà une démonstration de pouvoir.

La saga de la Muraille de Chine autour du Québec, celle d'octobre 1967, concerne un événement sûrement plus important, mais toujours dans la lignée du contrôle de l'information et de la manipulation politique.

La Muraille de Chine dont il est question est celle que le premier ministre Daniel Johnson a promis de ne pas construire autour du Québec dans une déclaration retentissante publiée le 4 octobre 1967. Pour cet homme qui s'était fait élire un an auparavant grâce au slogan « Égalité ou indépendance », il s'agissait d'un recul tout aussi retentissant. Avant de décortiquer le rôle de Paul Desmarais dans ce recul – ou cette capitulation –, rappelons brièvement le climat politique et social dans lequel cela s'est fait.

Année charnière sinon « plaque tournante de l'histoire du Québec moderne », pour reprendre les mots de l'écrivain Pierre Godin, 1967 a été notamment l'année de la visite du général Charles de Gaulle, président de la France. Après son historique « Vive le Québec libre ! », le 24 juillet, et son expulsion – le mot est juste – par le gouvernement du Canada, le général de Gaulle, obsédé par la question du Québec, s'est de nouveau engagé publiquement au nom de la France à soutenir les Canadiens français et leur gouvernement « afin de les aider à atteindre les buts libérateurs qu'eux-mêmes [s'étaient] fixés ». De Gaulle ne faisait pas que parler. Passant de la parole aux actes, il a chargé son ministre Alain Peyrefitte de livrer une lettre à Daniel Johnson et de signer de nouveaux accords de coopération entre la France et le Québec en septembre 1967.

En faisant cela, de Gaulle donnait de l'oxygène et de l'élan aux idées d'une aile du parti du premier ministre Johnson, l'Union nationale. Avec son slogan « Égalité ou indépendance », Daniel Johnson se mettait habilement sur la clôture, pouvant basculer d'un côté ou de l'autre. De manière colorée, il a décrit sa situation : « Je suis leur chef, il faut que je les suive. » D'autant plus qu'il pouvait compter sur une aile indépendantiste assez forte au sein de l'Union nationale. En septembre 1967, d'ailleurs, les médias parlaient du « plan secret » de l'Union nationale pour faire l'indépendance en cinq ans. Il s'agissait d'un texte rédigé par l'avocat Guy Bertrand avant les élections de 1966 et qui ressemblait beaucoup à celui qui inspirerait très bientôt la création du Parti québécois.

La déclaration et l'action du général de Gaulle donnaient aussi des ailes à Pierre Bourgault et au Rassemblement pour l'indépendance nationale qu'il dirigeait. Mais elles donnaient surtout de la matière à René Lévesque qui a publié le livre *Option Québec* le 11 septembre 1967, qui a annoncé le 18 septembre qu'il consacrerait le reste de sa vie à la lutte pour la souveraineté du Québec et qui a proposé à la mi-octobre que le Parti libéral du Québec adopte un programme dont l'idée fondamentale consistait à faire « un Québec souverain au sein d'une union économique canadienne ». Il ne faisait plus aucun doute que l'indépendance du Québec n'était plus l'apanage de quelques marginaux, mais une option valable partagée par des gens bien placés. Même Claude Ryan l'a affirmé en éditorial au *Devoir*. À ce portrait, il faut ajouter l'influence générale de l'Expo 67, un mouvement ouvrier en ébullition, sans parler des bombes du Front de libération du Québec.

En septembre 1967, Daniel Johnson était un homme malade souffrant de graves problèmes cardiaques qui mettraient fin à sa vie un an plus tard. Début septembre, ses médecins, dont son frère Réginald, lui ont prescrit le repos dans un endroit secret loin du Québec où personne ne pourrait le joindre. Donc, le premier ministre a quitté le Québec pour Hawaii à la mi-septembre. Seuls les membres de sa famille et quelques proches conseillers connaissaient l'endroit où il se reposait.

Il existe, dans les relations entre le Québec et le Canada, des automatismes. À titre d'exemple, lorsque le Québec s'apprête à faire un virage important ou à prendre une décision politique d'envergure, ses adversaires sortent automatiquement l'arme de l'intimidation économique. On l'a vu avec le coup de la Brinks en 1970, on l'a vu durant le référendum de 1980 et on l'a vu davantage pendant celui de 1995 avec le million d'emplois de Paul Martin. Aussi, dans le contexte bouillant de septembre 1967, des rumeurs de fuite des capitaux ont commencé à faire les manchettes dans les médias canadiens et québécois, surtout en anglais.

On verrait plus tard, grâce notamment à Jacques Parizeau, qui était conseiller économique et financier du premier ministre Johnson et, de ce fait, conseiller à la Caisse de dépôt et de placement, qu'il n'en était rien et que le seul endroit où on ait pu déceler une fuite des capitaux à ce moment-là, c'était en... Colombie-Britannique. En effet, Jacques Parizeau regrette « l'erreur » qu'il a commise en permettant à cette opération de chantage politique d'avoir l'impact souhaité par ses concepteurs, car il n'avait qu'à aller au pupitre de négociation sur le parquet de la Bourse pour constater qu'il n'y avait pas de fuite des capitaux et pour être en mesure de rassurer le premier ministre Johnson et tout son Conseil des ministres. Voilà ce qu'il a fait, mais trop tard pour empêcher la capitulation. Il a juré alors de ne jamais se faire prendre de la même façon.

Tout comme Jacques Parizeau, Claude Frenette, adjoint de Paul Desmarais, a carrément dit en janvier 1968 à l'agent américain E. C Bittner qu'il n'y avait « pas d'indication de fuite de capitaux. » Mais l'apprendre sur le tard après analyse ou grâce à un document secret américain n'est pas d'un grand secours. Les rumeurs bien placées, notamment par le président de la Bourse de Montréal, Charles Neapole, et des appels alarmistes de dirigeants de la Banque Royale et de la Banque de Montréal au premier ministre suppléant Paul Dozois ont réussi à emballer des médias peu critiques et à effrayer le cabinet de Daniel Johnson. Parallèlement, Erik Kierans, président du Parti libéral du Québec, qui se préparait à affronter René Lévesque au Congrès du Parti libéral du Québec à la mi-octobre, canonnait sur toutes les tribunes que l'indépendance du Québec « plongerait le Québec dans la pauvreté et le chômage et coûterait à la population 2,3 milliards de dollars dans les cinq premières années ».

C'est dans ce contexte qu'à l'étonnement de tous, y compris des gens de son propre parti, Daniel Johnson a publié la déclaration du 4 octobre 1967 sur la Muraille de Chine :

« En juin 1966, l'Union nationale n'a pas reçu le mandat de construire **une Muraille de Chine autour du Québec**. Nous avons promis d'exercer les droits reconnus dans l'Acte de l'Amérique et de tout mettre en œuvre pour obtenir une nouvelle constitution canadienne faite au Canada, par les Canadiens et pour les Canadiens, en vertu de laquelle tout citoyen, qu'il soit de langue française ou de langue anglaise et quelles que soient ses origines ethniques, se sente chez lui partout au Canada. Voilà le mandat que nous avons reçu et nous n'avons pas changé d'attitude. Dans cette recherche de l'égalité que nous voulons pour la nation canadienne-française, le Québec, comme foyer principal de cette nation, a un rôle prépondérant à jouer, cela va de soi, mais toutes et chacune des provinces, ainsi que le gouvernement fédéral, ont leur part de responsabilités. Il faut que le Fédéral se rende compte que le fédéralisme ne peut se faire qu'avec les provinces et non pas contre elles. Et c'est rendre un très mauvais service au pays que de taxer de séparatistes tous ceux qui recherchent, par des moyens démocratiques et pacifiques, l'épanouissement de la nation canadienne-française. »

La déclaration a fait la une du journal *La Presse* sous la super manchette, étalée sur la largeur de la page : « Pas de Muraille de Chine autour du Québec ». L'histoire officielle de cette primeur de *La Presse*, celle que ce journal a voulu imposer à la une du journal le lendemain, se lit comme suit. Le premier ministre suppléant Paul Dozois a confirmé que Daniel Johnson se reposait quelque part sur la côte du Pacifique – c'est quand même grand cet océan. Mais un futé journaliste des faits divers de *La Presse*, Martin Pronovost, a appris qu'il était à Hawaii « sur la foi d'une information plus précise » et qui a réussi à identifier l'île où il se trouvait parmi les douze îles de cet archipel, et même le Karhala Hotel, près de la plage Waikiki où il logeait.

La déclaration, toujours selon *La Presse*, a eu un effet bœuf. On apprend le lendemain de la déclaration sous une manchette encore sur la largeur de la page qu'« [à] Hawaii, Johnson ébauche un programme de stabilité économique pour le Québec. » Ce programme comprendrait notamment la nomination possible au ministère des Institutions financières de Marcel Faribault, président du Trust Général du Canada, qui se trouvait justement à Hawaii avec Daniel Johnson au moment de sa déclaration sur la Muraille de Chine. Le journaliste de *La Presse* note que Marcel Faribault y a rencontré des sous-ministres et « deux présidents de deux importantes compagnies du Québec », mais il ne les a pas nommés. On apprend aussi, en ce lendemain de déclaration fracassante, qu'« Ottawa respire mieux » et que Pierre Trudeau a déclaré qu'avec quelques modifications, il pourrait « même apposer sa signature à ce texte ». Trudeau et le premier ministre Pearson ont ajouté que la position de Daniel Johnson rejoignait celle du gouvernement libéral du Canada.

Mais la cerise sur le *sundae* est sûrement l'éditorial de Renaude Lapointe, cette digne ancêtre d'André Pratte nommée sénatrice trois ans plus tard par Pierre Trudeau. Sous le titre *Cette grande lueur à l'Ouest*, elle a écrit que :

> « M. Johnson n'est pas revenu, mais *La Presse* est allée à lui. Et c'est un message réconfortant qu'a pu transmettre notre journal à la population du Québec et au Canada tout entier. Le ton "pacifique" et optimiste de sa déclaration, qui peut se résumer ainsi "Pas de muraille de Chine autour du Québec", a aussitôt provoqué une détente salutaire à travers le pays, dont la tension artérielle montait dangereusement depuis quelques jours. »

Et le troisième jour, le Québec ressuscita ! Du moins selon la manchette de *La Presse*. Citant le ministre de l'Industrie et du Commerce, Maurice Bellemare, *La Presse* nous informe « que la déclaration récente du premier ministre, Daniel Johnson, a contribué à ramener les esprits à plus de réalisme. »

Ce que les lecteurs n'ont pas lu dans aucun journal, et surtout pas dans *La Presse*, c'est que Daniel Johnson récupérait à Hawaii en compagnie de Paul Desmarais. Grâce à l'enquête menée par Pierre Godin pour sa biographie de Daniel Johnson, nous savons comment cette histoire de « Muraille de Chine » a été érigée.

Bref, à partir de la mi-septembre et du départ pour Hawaii de Daniel Johnson, les milieux financiers, surtout anglophones de Montréal, et le Parti libéral ont mis en branle une opération de chantage économique à partir d'une supposée fuite des capitaux du Québec, une campagne qui a été reprise servilement par une presse servile. Quand Daniel Johnson commençait à aller un peu mieux, vers le 29 septembre, les milieux financiers ont expédié à Waikiki Beach le jeune loup des finances, Paul Desmarais, selon l'idée que Daniel Johnson écouterait un « Canadien français ». D'après les autres accompagnateurs de Daniel Johnson, que Pierre Godin a interrogés, c'est Paul Desmarais qui, pendant des promenades à Hawaii, a convaincu Daniel Johnson de faire ce que les uns ont appelé un « recul stratégique » et les autres, « une capitulation flagrante ». De plus, c'est Paul Desmarais, le grand collectionneur, qui a réussi à garder, comme trophée de guerre, l'original de la déclaration signée de la main de Daniel Johnson.

Le plus beau de cette histoire, c'est que Paul Desmarais était aussi propriétaire de *La Presse* depuis juillet 1967. Il était donc patron du futé journaliste des faits divers, Martin Pronovost, qui a trouvé, telle une aiguille dans une botte de foin, le lieu de repos de Daniel Johnson. Patron aussi du directeur de l'information de ce journal qui a choisi de cacher la présence du financier à Hawaii aux côtés de Daniel Johnson. Patron de Renaude Lapointe qui, sans la moindre gêne, a félicité son journal en éditorial d'avoir transmis à la population la bonne nouvelle annoncée par Daniel Johnson sans mentionner que le patron du journal était la cheville ouvrière de toute l'opération. En comparaison, pour la couverture de la remise de la grand-croix, il faut féliciter *La Presse* de ne pas avoir essayé de nous faire croire que Louis-Bernard Robitaille avait réussi seul à faire la primeur pour *La Presse*. Cela aurait été un peu trop.

Cette histoire soulève plusieurs questions. Combien d'autres décisions stratégiques ont-elles été prises dans des conditions semblables ? On pense par exemple à Robert Bourassa en 1991, qui se trouvait affaibli par la maladie et confronté à une importante crise politique. L'accord du lac Meech a été rejeté le 23 juin 1990 et, le lendemain, il a déclaré que le Québec était libre de déterminer son avenir et il avait mis sur pied la commission Bélanger-Campeau sur l'avenir constitutionnel du Québec. Robert Bourassa, lui aussi, a choisi de passer sa période de convalescence en avril 1991 dans le palais floridien de Paul Desmarais où, en plus du président de Power Corporation, il a rencontré Bob Rae, alors premier ministre de l'Ontario, et frère de John Rae, vice-président de Power Corporation. Est-ce là, avec les bienveillants soins de Paul Desmarais, que Robert Bourassa a mis au point son recul stratégique qui a abouti à la tristounette entente de Charlottetown rejetée en octobre 1992?

3

L'homme politique qui se dissimule

*C'est au coin de l'avenue des Champs-Élysées que
Nicolas Sarkozy a fêté sa victoire [...]
Ci-vit l'argent, donc le pouvoir, la réussite [...]
ils parlent la même droite.
Bernard Arnault, première fortune de France
Vincent Bolloré, PDG d'Havas,
6ᵉ groupe de communication mondiale
Martin Bouygues, PDG de Bouygues, 1ᵉʳ actionnaire de TF1
Serge Dassault, PDG de Dassault et du journal Le Figaro
Albert Frère, première fortune de Belgique
Paul Desmarais Sr, milliardaire canadien...*

Ariane Chemin, Judith Perrignon
La Nuit du Fouquet's, 2007

Le seul homme d'affaires en Europe qui se compare à Paul Desmarais, fait remarquer un journaliste économique français qui suit la carrière de l'homme d'affaires québécois depuis plusieurs années, est Sylvio Berlusconi. Le *cavaliere* Berlusconi est le milliardaire le plus riche d'Italie, magnat des médias et président du Conseil de l'Italie, ou premier ministre, de 2001 à 2005 et encore en 2008. La différence, c'est que Sylvio Berlusconi fait de la politique ouvertement, Paul Desmarais le fait en arrière-scène. Par ailleurs, quand l'hebdomadaire *Le Point* a demandé à Paul Desmarais pourquoi lui, qui était toujours avec les hommes politiques, n'avait jamais franchi le pas pour se présenter en politique lui-même, il a répondu qu'il ne voulait pas dépendre « d'un gars dans un coin qui va voter contre lui », mais aussi que quand il était plus jeune, il bégayait un peu. Bref, il aurait voulu, mais étant bègue, il a opté plutôt pour le pouvoir sans avoir nécessairement la gloire qui vient avec la politique – sauf peut-être pour le petit coup vaniteux de fin de carrière, la grand-croix de la Légion d'honneur que son ami Sarko lui a si aimablement offerte.

Depuis les années 1960, Paul Desmarais a cultivé et entretenu des liens étroits avec les dirigeants politiques non seulement du Québec et du Canada, mais aussi des États-Unis, de la France et d'autres pays européens ainsi que de la Chine. Nicolas Sarkozy a décrit comment il est devenu un proche de Paul Desmarais :

> « Si je suis aujourd'hui président de la République, je le dois en partie aux conseils, à l'amitié et à la fidélité de Paul Desmarais. 1995 n'était pas une année faste pour moi [Sarkozy avait soutenu Édouard Balladur, défait par Jacques Chirac]. Un homme m'a invité au Québec dans sa famille. Nous marchions de longues heures en forêt et il me disait : « Il fallait que tu t'accroches, tu vas y arriver, il faut que nous bâtissions une stratégie pour toi ». La preuve, cher Paul, que tu n'es pas français, car il n'y avait plus un Français qui pensait ça. Nous avons passé dix jours ensemble au cours desquels tu m'as redonné confiance à tel point que, maintenant, je me considère comme l'un des vôtres. »

Selon un homme d'affaires québécois qui désire conserver l'anonymat, cela décrit parfaitement comment Paul Desmarais a toujours travaillé. Ayant un sens de la durée, il approche les gens quand ceux-ci traversent un creux dans leur carrière, sachant que tôt ou tard ils pourraient revenir en politique et lui être utiles. Il l'a fait avec l'ancien premier ministre Jean-Jacques Bertrand, l'appelant le lendemain de sa défaite aux mains de Robert Bourassa en 1970. Même René Lévesque a eu droit à une offre d'emploi de Power Corporation lorsqu'il était dans un profond creux politique après sa défaite électorale de 1973. L'éditeur de *La Presse*, Roger Lemelin, un proche de Desmarais, a offert un salaire aguichant de 100 000 $ à René

Lévesque pour qu'il devienne grand reporter international. L'objectif était clair : compromettre le chef du Parti québécois au moment où il venait de fonder avec Jacques Parizeau et Yves Michaud le journal *Le Jour* et, éventuellement, le sortir de la scène politique. Heureusement, René Lévesque a refusé. De même, sachant l'intérêt pour la politique de la famille de Daniel Johnson, il a embauché Daniel Johnson fils en 1973 aussitôt que celui-ci est sorti de Harvard. Et Paul Martin, qui avait été l'organisateur principal de la campagne de son père, qui s'appelait aussi Paul Martin, contre Pierre Trudeau pour le leadership du Parti libéral du Canada, s'est trouvé à la direction de Power Corporation peu après que Paul Desmarais en eut pris les commandes même si ce dernier avait appuyé le vainqueur Trudeau. Par ailleurs, Robert Bourassa, qui a dirigé le Québec de 1970 à 1976 et de 1985 à 1994, s'entretenait avec Paul Desmarais souvent deux fois par semaine. La stratégie a été plus que payante dans le cas de Sarkozy, à en juger notamment par la privatisation de Gaz de France et sa fusion en juillet 2008 avec la Société Suez, contrôlée conjointement par le tandem Desmarais-Albert Frère et qui s'appelle maintenant GDF Suez.

Mais les liens politiques vont plus loin : son conseil consultatif international de la fin des années 1980 était un « *Who's Who* » de la politique internationale réunissant notamment l'ancien chancelier allemand Helmut Schmidt, Pierre Trudeau, Paul Volker, président de la Federal Reserve Bank, le cheik Yamani d'Arabie saoudite. Ce conseil consultatif international de Power Corporation l'aidera à rétablir ses liens politiques avec la gauche en France, liens qui ont été brouillés par son rôle dans l'affaire Paribas, sujet du chapitre sept de cet essai. À titre d'exemple, Jacques Delors, qui était ministre socialiste des Finances en 1981 durant l'affaire Paribas, a été l'invité d'honneur du conseil consultatif international à sa réunion le 30 novembre 1989 tandis que, l'année suivante, c'est Michel Rocard, alors premier ministre socialiste, qui y a pris la parole. Et ses liens politiques en Chine sont de notoriété publique. Dans l'entrevue au *Point*, Paul Desmarais a déclaré : « Mon fils André s'occupe de la Chine. **Il est reçu comme un chef d'État** ». Power a supprimé la phrase en caractères gras. Encore l'État Desmarais, mais venant de sa propre bouche.

En Europe, on s'étonne des liens politiques de Paul Desmarais en le comparant inévitablement à son *alter ego* belge Albert Frère, dont la notoriété est plus grande. Selon le même journaliste économique français, Paul Desmarais est beaucoup plus fort qu'Albert Frère. Frère va être copain-copain avec les politiques tous les politiques quel que soit le parti, mais sans avoir une vision politique du monde, sans avoir d'idéologie particulière. En revanche, Paul Desmarais possède des idées politiques et économiques tranchées et il les affiche dans les quelques rares interviews qu'il accorde. Aussi, il a toujours pris les moyens pour s'entourer de politiciens et faire connaître et accepter sa vision. En bref, Desmarais est fédéraliste, voire unitariste inconditionnel, et politiquement conservateur, comme l'était son père. « **Résolument conservateur** », a-t-il déclaré au *Point*. Alors qu'on fait grand cas de ses liens avec Jean Chrétien et Pierre Trudeau, les hommes politiques qu'il admire le plus sont Brian Mulroney, Ronald Reagan, George Bush père. Pour lui, Ronald Reagan « **était le meilleur** ». Notons qu'il est moins tendre envers George W. Bush, mais surtout à l'égard de la politique étrangère. Avant que les ciseaux de Power ne touchent l'entrevue au *Point*, il a déclaré :

> « **Je dis à George W. ce que je pense. Mais quand on lui parle on a bien du mal à se faire entendre, car il monopolise la parole. J'ai du mal à le suivre en Irak. Nous en avons parlé. Je lui ai dit : "Si vous voulez éliminer tous les dictateurs du monde, pourquoi ne pas commencer avec la Chine ?" D'un autre côté, on ne peut pas savoir aujourd'hui quelles seront dans vingt ans nos relations avec le monde musulman.** »

Sur le plan économique, Paul Desmarais est ultra-libéral, c'est-à-dire tout au privé, le marché qui dicte tout, le libre-échange. Son alliance avec les politiciens des partis libéraux au Canada tels Trudeau, Chrétien et Bourassa relève davantage des impératifs de l'unité canadienne à tout prix que d'une vision économique commune de l'homme d'affaires et des politiciens libéraux. Interrogé par *Le Point* sur les différends qu'il aurait avec Jean Chrétien, il a répondu : « **Au moins**, sommes-nous fédéralistes ». C'est peut-être à ce niveau que se situe son affection particulière pour Jean Charest, un conservateur d'idéologie et de formation drapé dans les couleurs d'un parti dit libéral. Et il est clair que les liens qu'il a tissés avec Nicolas Sarkozy s'expliquent aussi par une idéologie économique partagée. Rappelons que ces liens remontent à 1995 au moment où Jacques Chirac l'a emporté sur Édouard Balladur. L'aspirant Balladur avait lâché son « ami » de 30 ans, Jacques Chirac, en septembre 1993, pour plusieurs raisons, dont son ambition personnelle, mais aussi, semble-t-il, une vision et une politique économique plus à droite et davantage tournées vers l'Atlantique. Pour sa part, Sarkozy a lâché son mentor Chirac en novembre 1993 pour appuyer Balladur. En 1995, quand Balladur a perdu, Paul Desmarais a noué des relations avec Nicolas Sarkozy. Les liens entre Édouard Balladur et Paul Desmarais remontent vraisemblablement à la période 1986-1988, quand Balladur était ministre de l'Économie et des Finances, responsable notamment de la privatisation de la Banque Paribas qui avait été nationalisée en 1981.

Alors que Paul Desmarais est souvent présenté comme un homme ayant des idées politiques libérales dans le sens du Parti libéral, nombreuses sont ses déclarations qui trahissent les convictions de l'homme résolument à droite. Dans les années 1960 et 1970, une réputation d'antisyndicaliste notoire le talonnait, depuis sa ville natale de Sudbury en Ontario jusqu'aux quatre coins du Québec. Rares étaient les entreprises qui relevaient de lui – il y en avait beaucoup à ce moment-là – qui n'ont pas connu, pendant cette période, de longs conflits où les enjeux, souvent politiques ou idéologiques, allaient bien au-delà des demandes salariales. Lorsque Paul Desmarais a décrété un lock-out à *La Presse* en 1971-1972, René Lévesque, alors chef du Parti québécois, a dénoncé son « parfait mélange d'inhumanité et de duplicité ». Par ailleurs, dans une longue entrevue accordée à *The Gazette* pendant ce lock-out, Paul Desmarais insiste sur le fait qu'il vient d'une famille très conservatrice et qu'il demeure conservateur. Étudiant à l'Université d'Ottawa, il était même un fervent partisan de John Diefenbaker. On constate dans l'entrevue accordée à *The Gazette* qu'il se voit comme un combattant contre les deux périls qui menaçaient le Québec, soit le socialisme et le séparatisme, incarnés respectivement par les syndicalistes du genre de Louis Laberge et les nationalistes du genre de René Lévesque. Dès le début des années 1960, il percevait René Lévesque comme un « maudit socialiste » (« *A Goddamn socialist* »). Pour lui, les nationalistes et les syndicalistes contrôlaient ou voulaient contrôler les médias, ce qu'il ne permettrait jamais. En 2008, même si son entreprise Gesca contrôle 70 % de la presse écrite et collabore étroitement selon des ententes écrites avec Radio-Canada, principal réseau de télévision au Québec, il persiste à penser que ce sont « **les syndicalistes et les nationalistes** » qui contrôlent les médias. Contrairement à une certaine opinion, Paul Desmarais n'est pas non plus le « 'tit gars de Sudbury » sorti d'une famille francophone pauvre. Il avait ses lettres de noblesse de la bourgeoisie du nord de l'Ontario. De ses propres dires, encore au *Point*, son grand-père a « **amassé une grosse fortune** à Sudbury, où il possédait, avec des associés, un hôtel, des biens immobiliers et toutes sortes d'autres affaires, dont une ligne de chemin de fer ».

Paul Desmarais est également motivé par une rancœur contre la fiscalité canadienne et québécoise qui ferait frissonner même ses plus fidèles alliés du Parti libéral du Canada ou de son pendant québécois, sauf peut-être Jean Charest. Dans un accès de candeur – peut-être parce qu'il pensait qu'il parlait à une âme sœur – il a déclaré à Diane Francis en 1999 que des Canadiens intelligents devraient émigrer aux États-Unis pour éviter les taxes et impôts excessifs au Canada :

> « Prenez le cas d'un jeune homme intelligent qui examine ses options. Avec le libre-échange, les États-Unis lui offrent un avenir prometteur, plus de possibilités de faire ce qu'il veut avec son argent parce qu'il en aura davantage. La situation est meilleure pour tout le monde aux États-Unis. C'est évident. Beaucoup de gens ont quitté le Canada et n'y paient plus d'impôts ou de taxes. On ne peut pas le leur reprocher. […] Quand le gouvernement est trop vorace, les gens trouvent d'autres solutions. Le Canada perd ses meilleures personnes à cause des impôts excessifs. Beaucoup de mes amis ont quitté le Canada ; certains ont emporté de

l'argent reçu en héritage. D'autres se disent: "Pourquoi payer des impôts au Canada quand ils sont tellement élevés?"»

Cette tirade contre les taxes et les impôts vient, ne l'oublions pas, de quelqu'un qui tire une partie très importante de sa fortune des assurances: son empire comprend notamment la Great-West Life, la London Life, la Canada Life, lesquelles font toutes dans l'assurance-maladie et s'enrichiront énormément avec la privatisation de la santé au Québec et au Canada. Paul Desmarais préférerait sûrement que l'argent des taxes et des impôts vienne renflouer encore davantage les coffres de ses sociétés d'assurances, comme c'est le cas aux États-Unis, plutôt que d'être versé aux réseaux d'assurance-maladie collectifs. L'histoire officielle de Power Corporation ne cache aucunement cette volonté de Power Corporation. Celle-ci précise qu'au même moment où sa filiale de la Great-West Life a pris le contrôle de la London Life en 1997, faisant ainsi «la plus grande compagnie d'assurance-vie et maladie au Canada», la Great-West a affermi sa présence sur le marché américain en achetant des sociétés d'assurance-maladie collectives. «À l'issue de ces opérations, poursuit le document officiel, le nombre d'Américains participant aux régimes d'assurance-maladie et de retraite de la compagnie a dépassé 4,6 millions. Ces changements ont porté les bénéfices d'exploitation de la Financière Power et de Power Corporation à de nouveaux sommets». Le message est clair: amener le privé dans la santé au Québec et au Canada et ces sommets deviendront de vrais Everest.

Bête politique, selon les uns, homme d'affaires canadien ayant le plus de pouvoir politique, selon d'autres, Paul Desmarais a dû s'en défendre plus d'une fois, même s'il a toujours eu des amis politiques bien placés.

À titre d'exemple, comme nous le verrons plus loin, en avril 1975, l'*establishment* canadien a damé le pion à Paul Desmarais lorsqu'il a voulu prendre le contrôle de la société de portefeuille très torontoise Argus. L'arme choisie a été la commission royale d'enquête sur les groupements de sociétés, une commission d'enquête mise sur pied par l'ami Trudeau. Avec le recul, on peut voir cette commission comme une tentative de l'*establishment* canadien de plastronner pour la galerie devant ce présomptueux arriviste qui osait toucher à un lieu sacré. La création de cette commission a donné le coup de grâce à la tentative de Paul Desmarais de prendre le contrôle d'Argus. Sur la question brûlante de la concentration du pouvoir économique entre un petit nombre de mains, toutefois, la commission a accouché de recommandations qui avaient autant de dents qu'une poule. En cela, elle ressemble à toute une lignée de commissions d'enquête canadiennes créées pour enterrer des patates chaudes.

Pour Power Corporation, et Paul Desmarais en particulier, qui cultive le secret, la commission royale d'enquête sur les groupements de sociétés de 1975 a tout de même été un exercice humiliant : présentation publique devant des commissaires, obligation de répondre aux questions des commissaires et de leurs avocats sur toute une gamme de sujets, divulgation des états financiers de Power et de ses filiales, mauvaise presse et ainsi de suite. Le 10 décembre 1975, à l'Hôtel Le Reine Elizabeth, à Montréal, Paul Desmarais et deux proches collaborateurs ont comparu devant le président de la commission Robert B. Bryce et les deux commissaires, Pierre Nadeau et Robert Dickerson. Ce témoignage, très majoritairement en anglais, ne révèle pas de secrets, mais permet de cerner un peu les objectifs et la façon de faire de Power Corporation et de Paul Desmarais. Sur le plan des relations avec les dirigeants politiques du Canada et du Québec, toutefois, ses réponses évasives et son absence de candeur rappellent singulièrement les réponses de certains témoins convoqués devant la Commission Gomery sur le scandale des commandites, et elles piquent autant la curiosité. Une curiosité qui s'intensifie par ailleurs quand on lit les autobiographies de Jean Chrétien, qui, on le sait, a été très près de la famille Desmarais depuis les années 1960. À part quelques références à son gendre André Desmarais à propos d'anecdotes familiales, Jean Chrétien ne mentionne pas Paul Desmarais ni Power Corporation même si son principal organisateur a été vice-président de Power Corporation et un proche collaborateur de Paul Desmarais pendant toute la période. Même chose pour les mémoires d'Eddie Goldenberg, chef de cabinet de Jean Chrétien pendant de longues années. Dans un livre de 400 pages, Eddie Goldenberg ne mentionne pas la famille Desmarais ni Power Corporation, pas même une seule fois. En fait, pour savoir ce qui se passe en politique à Ottawa, il faut lire les livres – et les témoignages devant les commissions royales – non pas pour savoir ce qui s'y trouve, mais pour savoir ce qui ne s'y trouve pas.

Voici comment Paul Desmarais a expliqué ses relations avec les hommes politiques au Canada et au Québec lors de sa comparution en décembre 1975[1] :

« M. LE PRÉSIDENT : J'aimerais vous demander d'abord si… je pense que je dois dire qu'il s'agit d'une opinion très répandue, que vous jouissez de relations étroites avec le gouvernement à Ottawa et avec le gouvernement du Québec. Je pense que votre mémoire reconnaît que c'est bien le cas ?

« M. PAUL DESMARAIS : Eh bien, je ne suis pas sûr quand vous parlez de relations étroites avec le gouvernement, vous parlez des élus ou des fonctionnaires…

« M. LE PRÉSIDENT : Les élus ?

« M. PAUL DESMARAIS : Oui, j'ai quelques amitiés avec quelques élus à Ottawa. […]

« M. LE PRÉSIDENT : Puis-je vous demander si c'est juste de dire que vous n'auriez aucune difficulté à vous assurer que vos opinions et celles de Power Corporation sont connues et comprises, autant à Ottawa qu'à Québec ?

« M. PAUL DESMARAIS : Bien, je ne suis pas sûr quand vous dites connues et comprises. […] je pense que nous avons des contacts et nous avons des amitiés sur le plan personnel, et cela n'a pas vraiment grand-chose à voir avec Power Corporation…

---

1. Nous avons la version originale du témoignage, une partie en français et une autre en anglais. Les citations sont traduites de l'anglais.

« M. LE PRÉSIDENT : Maintenant, j'aimerais vous demander de donner une mesure de votre pouvoir de persuasion pour influencer la prise de décisions par les gouvernements ?

« M. PAUL DESMARAIS : Bien, je dirais que c'est à peu près zéro. [...]

« M. LE PRÉSIDENT : Maintenant, je vais vous poser une question qui ne vous étonnera pas. Pensez-vous que votre capacité d'établir des relations étroites avec les gouvernements et de les influencer aurait augmenté si vous aviez pris le contrôle d'Argus le printemps dernier ?

« M. PAUL DESMARAIS : Non, je pense... non, je ne le pense pas. Je pense que plus vous êtes grand, plus les personnalités politiques vous évitent, non, je ne le pense pas. »

Nous sommes en décembre 1975. Son ami Pierre Trudeau est premier ministre du Canada, son ami Robert Bourassa est premier ministre du Québec. Et parmi les aspirants politiciens, le futur premier ministre du Québec, Daniel Johnson, le futur premier ministre du Canada, Paul Martin, sont dans le sérail de Power et le futur premier ministre du Canada, son bon ami Brian Mulroney, est son avocat préféré en relations de travail. De plus, le fidèle organisateur du ministre fédéral Jean Chrétien, John Rae, est aussi l'adjoint administratif du président de Power Corp. Avec un tel entourage, Paul Desmarais a déclaré devant la commission royale que certains politiciens sont ses amis, que ces amitiés sont strictement personnelles et n'ont rien à voir avec ses affaires, que sa capacité d'influencer les politiciens est quasi nulle et que les dirigeants politiques l'évitent. Il a oublié d'ajouter que le père Noël existe.

Un homme que tout le monde perçoit comme un acteur politique de premier plan prétend le contraire. Pour apprécier l'immensité de cette farce, on n'a qu'à regarder autour de la commission même. Le premier ministre qui l'a créée, Pierre Trudeau, a commencé sa campagne à la direction du Parti libéral du Canada en 1968 dans les bureaux mêmes de Paul Desmarais. Et dès que Pierre Trudeau a quitté la politique en 1984, il s'est joint au prestigieux conseil consultatif international de Power Corporation. Le plus haut fonctionnaire du gouvernement canadien, qui a nommé les commissaires en 1975, Michael Pitfield, s'est joint au conseil d'administration de Power Corporation aussitôt qu'il a quitté ses fonctions gouvernementales en 1984. Et l'un des trois commissaires devant qui Paul Desmarais a comparu le 10 décembre 1975, Pierre Nadeau, président de Petrofina Canada, relevait, avant d'être nommé commissaire, d'Alfredo Campo, qui, lui, était membre du conseil d'administration de Power Corporation. Avec de telles relations, on ne s'étonne guère de la mollesse des questions posées par les commissaires à un Desmarais qui, de surcroît, maîtrise bien la langue de bois.

Les commissaires ont amené Paul Desmarais également sur le terrain du financement des partis politiques. « Nous croyons en un système politique à deux partis, a répondu Paul Desmarais. Lors des élections, nous donnons aux deux partis. » Bien sûr, Paul Desmarais croit en un système bipartite, sauf au Québec, où le parti unique semble préférable, soit le Parti libéral où on peut y mettre un conservateur ou un libéral selon les humeurs du moment. Quant à la possible coordination des contributions financières de Power Corporation et de ses filiales aux partis politiques, Paul Desmarais s'est esquivé gentiment en disant que chaque filiale donnait séparément sans coordination. Or, le juge Albert Malouf, qui a enquêté sur les Olympiques de 1976 à Montréal, a révélé que les contributions électorales secrètes au Parti libéral du Québec entre 1973 et 1976 – Paul Desmarais comparaissait en décembre 1975 – étaient faites au compte 8-800 du Montréal Trust, une fiducie contrôlée par Power Corporation.

Évasif en ce qui a trait à la politique, Paul Desmarais était plus loquace quand il a parlé de sa vision des affaires. Il a expliqué qu'il avait toujours comme objectif d'obtenir le contrôle des entreprises dans lesquelles il investissait, notamment pour pouvoir élire les administrateurs de son choix et ainsi influencer l'orientation de l'entreprise. Pour avoir cette position de contrôle convoitée, a-t-il dit, il fallait ou bien détenir

51 % des actions de l'entreprise ou bien avoir un pourcentage moindre, mais sur un ensemble d'actions éparpillées parmi un grand nombre de détenteurs. L'ancienneté de certains actionnaires peut compenser parfois le manque d'actions et leur donner un contrôle de fait, ce qui était le cas d'Argus, où les administrateurs fonctionnaient comme un club anglo-saxon exclusif. Paul Desmarais a aussi fait un vibrant plaidoyer en faveur de l'entreprise privée, du groupement des sociétés et de la concentration en prétendant qu'il y va de l'intérêt public. Bref, ses intérêts à titre de président de Power Corporation, qui devient énorme, et les intérêts du public seraient convergents. Un peu comme quand on disait aux États-Unis dans les années 1950 : « Ce qui est bon pour General Motors est bon pour le pays ». L'interpénétration des conseils d'administration des grandes entreprises canadiennes, c'est-à-dire le cumul de postes d'administrateur par une petite poignée de personnes, serait aussi une très bonne chose pour le public et il n'y aurait pas de risque de collusion ou de connivence.

***

Quelques années après la comparution devant la commission royale, Paul Desmarais s'est lancé à la conquête de l'Europe et, l'affaire Paribas aidant, lui et le Belge Albert Frère sont devenus des complices inséparables. Les panégyristes tendent généralement à les voir comme des milliardaires quasi jumeaux. S'il est vrai que tous les deux ont réussi à amasser une fortune personnelle démesurée, Albert Frère et Paul Desmarais sont très différents l'un de l'autre selon le biographe d'Albert Frère, José-Alain Fralon. Et le principal point qui les distingue est le côté très politique de Paul Desmarais comparé à l'absence de vision politique d'Albert Frère.

Ce dernier, selon Fralon, est le portrait même d'un commerçant qui ne vise que « son pognon », il n'a ni vision ni analyse politique. Il n'a comme seul objectif que de faire croître sa fortune personnelle, d'acheter une affaire au plus bas prix et de la revendre au plus haut prix. Rien de plus. Il ne fait aucun mécénat, ne donne pas un sou même pour les uniformes de foot de l'équipe de sa région natale de Charleroi, en Belgique. Faire fortune, au diable le reste. En revanche, Paul Desmarais est clairement inspiré par une certaine idée de son empire financier et de son rôle politique dans le monde. Il tisse soigneusement des liens politiques au plus haut niveau. Il s'organise pour avoir des doctorats honorifiques partout, des distinctions, pour faire du mécénat et pour soigner son image. Pensons seulement à ce don de 100 000 dollars fait à l'Académie française en 1986. Ce don, petit pour lui, était bien placé. En plus d'aider à rétablir les relations avec le gouvernement socialiste sous François Mitterrand, passablement amochées par l'affaire Paribas, ce don a ouvert la porte à la première décoration accordée à Paul Desmarais en France, la Légion d'honneur remise par le secrétaire perpétuel de l'Académie française Maurice Druon, devenu par la suite l'un des plus grands défenseurs français de Paul Desmarais, mais aussi de la position de celui-ci à l'égard d'un Canada unitaire. À l'ancien premier ministre Bernard Landry, Maurice Druon a écrit, en octobre 2003 : « J'ai eu le plaisir de m'entretenir à votre propos avec notre ami Paul Desmarais, dont les positions sont assez proches des miennes. »

José-Alain Fralon poursuit : « Si Paul Desmarais est cogérant des principales affaires d'Albert Frère en Europe, la réciproque n'est pas vraie. Le cousin Paul est totalement maître chez lui outre-Atlantique. » Desmarais et Frère ont tout partagé en Europe, mais rien en Amérique. L'entente de partage Desmarais-Frère est néanmoins inusitée dans le monde des finances, selon José-Alain Fralon. « Ensemble, ils ont roulé l'establishment français » en ce sens qu'ils bougent avec rapidité, ne s'attardant pas sur le verbe, la conceptualisation de l'affaire, comme le font les hommes d'affaires français. En France, les hauts fonctionnaires et les milieux d'affaires viennent tous des mêmes grandes écoles, des énarques, anciens étudiants de l'École nationale d'administration.

Un Wallon, selon Fralon, est souvent complexé un peu par rapport au Français. Le Québécois peut l'être aussi. Ajoutez à cela la situation de minoritaire au Canada, et les deux sont appelés à se compléter dans l'offensive lancée sur l'économie française. Tous deux tiennent en horreur la prise de parole en public à cause, entre autres, de problèmes d'élocution. Paul Desmarais bégaye un peu, surtout en français selon les journalistes qui le suivaient dans les années 1970, tandis qu'Albert Frère a un léger cheveu sur la langue. Mais aussi, fait remarquer le journaliste Fralon, « quand les Français parlent, eux, ils comptent ». Paul Desmarais a confirmé cette observation dans son entrevue avec *Le Point*, avant que Power Corporation ne la supprime. À la question à savoir quelles sont les différences entre les patrons français et les patrons canadiens, il a répondu : « **Les Français cherchent le détail, ils sont plus méfiants en affaires. On dirait qu'ils ont peur. Certains patrons français ont moins le goût du risque que les Canadiens. Ils sont moins à l'aise à l'étranger.** »

Autre point de rapprochement malgré leurs différences sur le plan de la politique, c'est leur relation quasi incestueuse avec l'État qui les a vus naître. Dans les deux cas, et ceci peut paraître paradoxal, on peut dire que ce sont des gens qui sont à la fois les plus chauds partisans d'un État et de ses ramifications, dont ils ont su tirer profit, et les plus farouches opposants idéologiques de l'État, dont ils voudraient détourner vers le privé, et leurs poches, des pans entiers de l'activité économique. Dans les deux cas, ils ont eu affaire à un État souvent en situation de faiblesse et de fragilité, l'État belge dans le cas Frère, l'État québécois dans le cas Desmarais, ainsi que, dans une moindre mesure, l'État canadien à condition qu'il joue bien ses cartes. Comme le note un professeur de science politique de Bruxelles, « en Belgique, la carrière politique n'a jamais été considérée comme quelque chose de noble. Pourquoi se mettre au service d'un État qui n'a jamais existé et d'une nation incertaine » ? Dans les deux cas, on est très loin de la France où l'État a généralement été en mesure, si ses dirigeants le voulaient bien, de garder son ascendant sur les hommes d'affaires les plus puissants.

Selon la légende bien entretenue, Albert Frère est le fils d'un marchand de clous de Charleroi qui s'est hissé jusqu'au sommet de la sidérurgie de la Wallonie où on le trouve, en 1973, président de la Chambre de commerce et d'industrie de Charleroi, poste qu'il occupera jusqu'en mars 1982. Un gros poisson dans une mare relativement petite. La sidérurgie wallonne prospérait à ce moment-là, mais, dès 1974, elle commençait à battre de l'aile. À titre de président de la Chambre de commerce, Albert Frère réalise, ou fait réaliser par l'État belge, des investissements considérables dans la production.

L'homme politique qui se dissimule

Ce qui saute alors aux yeux, c'est le paradoxe du chantre du privé doublé du chantre de la nationalisation. La crise de la sidérurgie aidant, Albert Frère allait figurer, dans la période allant jusqu'en 1980, parmi les artisans de la nationalisation de l'essentiel de la sidérurgie wallonne. Ensuite, il a sans doute été celui qui en a profité le plus, et ce, même si le lendemain, en 1981, comme nous le verrons plus loin, il serait un acteur clé au sein d'un cercle d'hommes d'affaires riches décidés à contrer les nationalisations en France sous la présidence de François Mitterrand.

En 1979, l'État belge est devenu, par la nationalisation au prix fort, l'actionnaire principal des équipements de production d'acier en Wallonie. Albert Frère est demeuré président des entreprises de sidérurgie, mais devait composer avec un vice-président nommé par l'État. Dans une deuxième opération, l'État belge a également investi massivement dans le groupe Frère-Bourgeois Commerciale, ancêtre du Groupe Bruxelles Lambert au sein duquel on trouve les Desmarais aujourd'hui. Mais l'État belge en laissera le contrôle à Albert Frère. José-Alain Fralon décrit l'opération comme suit :

> « Toujours aussi grand seigneur, l'État belge a racheté, pour 735 millions de francs belges, 49,5 % du capital du groupe Frère-Bourgeois Commerciale. Plus de quinze ans après, il n'est pas une personne de bon sens qui ne puisse s'interroger sur cet extraordinaire marchandage. Voilà un État qui dépense des sommes considérables pour reprendre un secteur en difficulté et qui, au lieu de dicter ses conditions pour le reste (après tout, c'est lui qui paie !), accepte de débourser encore une somme rondelette pour ne contrôler que 49 % de la seule affaire rentable du secteur. »

Fralon ajoute que l'un des plus fidèles collaborateurs d'Albert Frère a raconté que celui-ci était pris de doutes. « C'est indéfendable vis-à-vis de l'opinion publique, aurait-il dit. Ça ne passera pas ! »

Mais c'est passé, de sorte qu'Albert Frère a continué à gagner des millions tandis que la sidérurgie belge perdait des milliards. En effet, le « système Frère » a permis au chiffre d'affaires de Frère-Bourgeois d'exploser, passant de 13,4 milliards de francs belges en 1979 à 30 milliards en 1980. Alors qu'on pourrait penser que l'État belge, qui détenait 49 % des actions de cette société, s'enrichissait également grâce aux dividendes payés, ce n'était pas le cas. Sur les 85 millions de francs belges de dividendes payés par Frère-Bourgeois, seulement 18 % allaient à l'État, car Albert Frère s'était réservé dans les négociations avec l'État l'exclusivité totale de la commercialisation des produits de la sidérurgie dite du Triangle, alors que cette exclusivité lui échappait quand il en était l'actionnaire principal.

Commentant en 2008 ce coup d'Albert Frère, qui allait le catapulter dans les ligues majeures d'Europe, José-Alain Fralon note avec le recul :

> « En fait, le coup d'Albert Frère n'a pas été la nationalisation de la sidérurgie, mais la manière dont il s'en est servi : à l'État (et à la CECA, Communauté européenne du charbon et de l'acier), les pertes, à moi, les profits ! Et puis, quand il a senti qu'il avait quand même un peu trop tiré sur la corde, il a vendu très cher sa structure de commercialisation (de nouveau à l'État) et, avec son nouveau magot, il est allé chercher fortune ailleurs. L'attaque du train postal, sans les risques. Bravo, l'artiste ! »

La référence à « l'attaque du train postal » renvoie à l'affaire Paribas dont il est question plus loin.

Si on regarde la carrière de Paul Desmarais depuis 1959, on s'aperçoit aussi que, tout au long, comme Albert Frère, il a su flairer la bonne affaire qui lui permettait soit d'empocher des largesses venant des coffres de l'État, soit de faire travailler l'État et ses ramifications en sa faveur. Au lieu de s'exclamer béatement sur sa fortune ostentatoire, sur son grand esprit d'entrepreneur, sur son ascension vertigineuse qui proviendrait de son seul travail, de son intelligence, de son audace ou de son flair, on devrait regarder de plus près pour mieux comprendre la source de sa richesse et de son pouvoir. Dans son ascension, ni l'État ni les amis politiques n'ont jamais été très loin de lui. Souvent, il s'est agi de l'État québécois, parfois, d'autres États, mais toujours ce sacré «secteur public» tant honni. Les principaux jalons dans cette trajectoire s'appellent Gelco, Power Corporation, la Loi sur l'impôt sur le revenu, Paribas, Financière Power, la Consolidated-Bathurst, Asia Power Group, les REÉR, et aujourd'hui, de façon plus intense que jamais, le soi-disant privé dans le secteur de la santé.

4

Gatineau Electric engendra Gelco
qui engendra Gesca...

*Les richesses de ces entreprises étaient, sans contredit,
tributaires de l'État par la monopole qu'elles avaient,
mais aussi par le patrimoine collectif que représentaient
les grands bassins versants et le terrain propice.*

Entrepreneur, Paul Desmarais ne l'a jamais été. C'est lui-
même qui l'a dit. «Avec ses 70 compagnies, écrivait Peter C.
Newman en 1975, et presque 7 milliards de dollars d'actifs,
il lui reste encore à créer véritablement une compagnie
nouvelle: "Même en y réfléchissant bien, je ne trouve rien
que j'ai commencé, reconnaît-il [Desmarais]... Commencer
à zéro, c'est trop lent pour moi"». C'était le cas en 1975 et
c'est encore le cas en 2008. Il a consacré sa vie à la recherche
de liquidités qui lui permettraient d'étendre son empire et de
faire croître sa fortune en mettant la main sur des entreprises
prospères ou celles qui pouvaient le devenir. Dans les années
1960, on ne pouvait trouver les liquidités de cette ampleur que
dans le giron de l'État.

Tout le monde au Québec connaît le nom de Gesca, mais
peu se rappellent que le G et le E dans Gesca viennent de Gelco,
société de portefeuille dont le nom vient de Gatineau Electric
Company. Gatineau Electric était une filiale de la Gatineau
Power, une importante entreprise québécoise, dont le siège
était à Montréal, nationalisée par le gouvernement du Québec
en 1963 sous le slogan «Maîtres chez nous». La Gatineau
Power détenait un monopole sur presque tout le sud-ouest du

Québec, comprenant l'Outaouais, le Sud-Ouest de l'Abitibi et les Laurentides. En plus, elle possédait des équipements de production hydroélectriques en Ontario et au Nouveau-Brunswick. Notons aussi que Paul Desmarais avait déjà fait affaire avec la Gatineau Electric lorsque cette entreprise, qui redoutait une possible étatisation, lui a vendu la Gatineau Bus Lines en 1955. Par ailleurs, c'était dans le contexte d'une éventuelle nationalisation par le Québec des avoirs des grandes entreprises électriques québécoises que Paul Desmarais a pu mettre la main sur Québec Autobus en 1959, jusque-là détenue par la puissante Shawinigan Water and Power. Menace de nationalisation, mais aussi soutien du premier ministre Maurice Duplessis! Même à ce moment-là, ses amis politiques servaient à quelque chose.

Le XXᵉ siècle a été marqué au Canada et dans certaines régions des États-Unis par l'étatisation progressive des entreprises d'électricité. L'étatisation se justifiait selon l'idée que l'électricité est un service public nécessaire, qu'il revient à l'État de s'assurer que la population et les entreprises y ont accès à un prix raisonnable et équitable et que les profits ainsi générés sont réinvestis là où ils ont été faits. Idée forte du siècle dernier, elle est aujourd'hui rejetée pour des raisons idéologiques défendues principalement par ceux qui veulent mettre la main sur ces vaches à lait intarissables. L'Ontario avait mené le bal de l'étatisation au Canada à partir de 1906, les autres provinces lui emboîtant le pas jusqu'à la fin des années 1960. Par ailleurs, les entreprises privées dont les installations ont été achetées par l'État jouissaient généralement d'un monopole sur la production, le transport et la distribution d'électricité dans les régions desservies. Monopole sur la fourniture d'électricité, mais aussi monopole sur la principale source d'énergie, l'eau et le terrain accidenté propice à la production d'électricité, ce qui est le cas du Québec. Et les énormes profits faits par ces monopoles s'en allaient se faire fructifier partout, du Chili à l'Angleterre en passant par d'autres pays de l'Amérique latine. Partout sauf au Québec. De plus, les taxes et impôts allaient à Ottawa. Les richesses de ces entreprises étaient, sans contredit, tributaires de l'État, par le monopole qu'elles avaient, mais aussi par le patrimoine collectif que représentaient les grands bassins versants et le terrain propice. Ces monopoles privés ont pu ainsi s'enrichir et, par la même occasion, enrichir leurs actionnaires. Au Québec, comme nous le verrons plus loin, ces monopoles – on disait que ces monopoles formaient le trust de l'électricité – ont recouru à la concentration de la presse écrite dans les années 1930 pour retarder de 30 ans l'étatisation, réalisée seulement en 1963. Quand venait le temps d'être étatisées, ces entreprises ont toujours su obtenir un excellent prix et souvent un prix démesuré. Face à de puissants et riches industriels qui avaient les moyens financiers, médiatiques et politiques pour faire dérailler tout le processus, l'État devait absolument paraître bon joueur, voire bonasse. D'où l'existence de coffres débordants dans certaines sociétés de portefeuille au moment où Paul Desmarais était à la recherche de liquidités.

La Gatineau Power, dont plus de 30 % des actionnaires étaient Britanniques, exploitait une entreprise du nom de Gatineau Electric Company jusqu'à son étatisation par l'Ontario en 1948. La Gatineau Electric a gardé ce nom jusqu'en septembre 1961, lorsque la Gatineau Power l'a convertie en société de placement et l'a renommée Gelco. À la suite de l'étatisation des installations électriques exploitées par la Gatineau Power au Nouveau-Brunswick, Gatineau Power a reçu le joli montant de 12,5 millions de dollars, qu'elle a confié sous forme de titres à la société Gelco aux fins de placement en échange d'actions et d'un billet d'une même valeur. Gelco avait comme politique de placement d'investir dans diverses entreprises sans viser à en prendre le contrôle.

Gelco représentait donc, à partir de septembre 1961, un gros magot venant de l'État du Nouveau-Brunswick, qui était géré de manière dilettante. Ce magot était plus important que tout ce que Paul Desmarais avait pu toucher depuis qu'il s'était lancé en affaires avec des autobus à Sudbury en 1951. Au Québec en 1961 et en 1962, il devenait de plus en plus clair que le gouvernement de Jean Lesage, avec René Lévesque à la tête du ministère des Richesses naturelles, se préparait à nationaliser les grandes entreprises d'électricité privées, dont Gatineau Power. René Lévesque avait bien laissé entendre en octobre 1961 que «l'avenir de la production de l'électricité [était] du côté du secteur public» et un livre bleu déposé au Conseil des ministres de Jean Lesage en décembre 1961 venait le confirmer. Mais le gouvernement ne nationaliserait pas les activités qui n'étaient pas liées à l'énergie, comme la société de placement Gelco. Parallèlement et peut-être à cause des rumeurs de nationalisation de la société mère, la Gatineau Power, les actions de Gelco ont piqué du nez en Bourse en 1962 pour atteindre un creux de 0,60 $ l'action comparativement à 3,00 $ l'action en décembre 1961. Ainsi, en juillet 1962, Paul Desmarais a réussi à mettre la main sur 50 % des actions de Gelco, dont la plupart étaient détenues par des Britanniques qui, eux, faisaient face depuis la fin de la Seconde Guerre mondiale à de nombreux obstacles pour investir au Canada. Il a pris le contrôle de Gelco, pour ensuite vendre rapidement la plupart des placements. Liquidités en main, il pouvait commencer à investir dans d'autres entreprises avec pour objectif d'en prendre le contrôle. C'est donc par une mainmise sur les coffres venant de l'indemnisation par l'État que Paul Desmarais est passé du statut de patron d'une entreprise de gestion de transport par autobus, la Transportation Management Corporation, à celui de gestionnaire d'une société de portefeuille relativement importante.

La société Gelco est devenue pour quelques années le principal outil de Paul Desmarais. En 1963, alors que son entreprise d'autobus, principal axe d'affaires, se remettait d'une longue grève coûteuse, il avait en main les liquidités nécessaires pour acheter la société d'assurances L'Impériale vie à Toronto, «première acquisition importante de M. Desmarais en dehors du secteur des autobus», selon la commission royale d'enquête sur les groupements de sociétés. Gelco a également commencé à investir dans le Groupe Investors, qui serait contrôlé par Power Corporation à partir de 1970.

En ayant une société d'investissement comme Gelco et des liquidités provenant de l'État, Paul Desmarais a pu envisager d'acheter, en 1965, du financier Jean-Louis Lévesque, la Corporation des valeurs Trans-Canada, société de placement qui contrôlait alors 18 compagnies. Jean-Louis Lévesque était un grand financier – le nom Lévesque Beaubien vient de lui –, mais lui aussi devait sa fortune à l'État québécois selon Paul Desmarais, car c'est l'ancien premier ministre du Québec Maurice Duplessis qui l'avait «créé» en lui confiant la commercialisation des bons du Trésor du Québec. Dans les deux prises de contrôle, soit celles de Gelco et de la Corporation des valeurs Trans-Canada, il s'agissait de prises de contrôle dites indirectes. Bref, dans une prise de contrôle indirecte, on vend une entreprise qu'on possède à une autre compagnie en échange d'actions de celle-ci, de sorte qu'on augmente le contrôle de la seconde sans perdre le contrôle de la première. Les acquisitions ou prises de contrôle indirectes sont devenues la marque de commerce de Paul Desmarais pendant les années 1960. Toutefois, selon un financier de Montréal qui souhaite garder l'anonymat, la carrière de Paul Desmarais n'a pas été marquée que par des succès sur le plan des acquisitions. En effet, à partir de 1970, ses tentatives de prise de contrôle, telles celles d'Argus, du Canadien Pacifique, de Télé-Métropole, pour ne nommer que celles-ci, ont été de cuisants échecs. Là où il aurait connu du succès et a réussi à amasser sa fortune, c'est du côté de la vente des entreprises.

Devenu un industriel et financier incontournable au Québec, Paul Desmarais se devait tout de même de garnir son portefeuille d'une division médiatique qui servirait à des fins d'influence politique et idéologique mais aussi de prestige. En effet, les entreprises de Paul Desmarais n'ont vraiment commencé à prendre l'allure d'un empire qu'à partir de 1966, lorsqu'il s'est intéressé au plus important quotidien de l'Amérique française, *La Presse*, en faisant ses premières offres à la famille Berthiaume qui en était propriétaire. Cette acquisition n'a été consommée qu'en août 1967 après que l'Assemblée législative du Québec ait adopté un projet de loi l'autorisant. Pour y arriver, toutefois, Paul Desmarais a dû peser fort sur ses amis politiques des deux côtés de l'Assemblée législative, soit de l'Union nationale sous le premier ministre Daniel Johnson et du Parti libéral sous Jean Lesage. Par ailleurs, cette loi du Québec explique la création un an plus tard par Paul Desmarais d'une filiale de Gelco du nom de Gesca. Entre-temps, en avril 1967, la Corporation des valeurs Trans-Canada, qu'il contrôlait, a acheté de Jacques Francœur trois autres quotidiens : *Le Nouvelliste* de Trois-Rivières, *La Tribune* de Sherbrooke et *La Voix de l'Est* de Granby.

Avec quatre quotidiens, une kyrielle d'entreprises, financières et autres, des liquidités venant de la vente d'entreprises appartenant naguère à la Corporation des valeurs Trans-Canada et la bienveillance des bonzes de la Banque Royale qui avait adoubé le jeune loup de Sudbury, Paul Desmarais était bien posté pour mettre la main sur d'autres coffres bien garnis par l'État, ceux de la célèbre Power Corporation.

5

Power vient de l'hydroélectricité

Nous nous sommes assurés d'un conseil d'administration
relié d'aucune façon à Power Corp., excepté par ma présence
et celle de monsieur Parisien.

PAUL DESMARAIS,
devant la commission royale d'enquête
sur le groupement de sociétés, 10 décembre 1975

Power Corporation, comme son nom l'indique, a été
fondée en 1925 pour profiter de la production et de la distribution d'hydroélectricité et du placement des profits qui en
découlaient. Société de portefeuille dès le début, elle détenait,
au cours des années 1930 à 1960, des placements importants
dans des compagnies d'électricité en Colombie-Britannique,
au Manitoba, en Ontario et, surtout, au Québec. Au Québec,
c'était le géant Shawinigan Water and Power, la Northern
Quebec Power en Abitibi et la Southern Canada Power, qui
desservait les Cantons-de-l'Est. Avec les profits tirés des
placements dans les divers monopoles hydroélectriques,
Power a diversifié ses placements de sorte que, en décembre
1961, ses investissements dans le domaine de l'hydroélectricité
comptaient pour environ 34 % de son portefeuille. Parmi
ses placements, elle détenait aussi une importante participation dans l'industrie pétrolière canadienne, notamment la
Canadian Oil Company.

En 1962, Power Corporation a connu un énorme et très
enrichissant bouleversement. D'abord, la Colombie-Britannique a
étatisé par voie législative les installations de la British Columbia

Power dont Power Corporation détenait une partie importante. Ensuite, Shell a mis la main sur la Canadian Oil Company dans une offre publique d'achat, hostile d'abord, mais acceptée par la suite par les dirigeants de Power Corporation. Et enfin, le gouvernement du Québec, sous l'inspiration de René Lévesque, a nationalisé par voie législative en mars 1963 les 11 entreprises d'électricité privées au Québec à la suite de l'élection référendaire d'octobre 1962 portant uniquement sur la nationalisation. Ces ventes n'ont pas été faites de plein gré, mais le résultat était plus qu'heureux pour les actionnaires de Power Corporation. Voilà comment le biographe de Paul Desmarais l'a décrit :

> «Toutes ces opérations se déroulèrent en l'espace de 22 mois. Environ un tiers du portefeuille de Power, estimé à un total de 88 millions de dollars en 1961, venait d'être liquidé pour la somme de 70 millions en argent comptant. Il s'agissait d'une prime de 20 millions par rapport à la valeur comptable de la compagnie. Ce qui restait au portefeuille valait par ailleurs 35 millions de dollars. Embarrassés par cette fortune soudaine, les administrateurs s'interrogeaient sur son utilisation.»

Une prime de 22 millions de dollars qui se prend bien, d'autant plus qu'à l'exception de Canadian Oil, Power Corporation n'avait pas le contrôle des entreprises dont elle s'était départie. L'histoire officielle de Power Corporation y va aussi d'une déclaration laconique, mais claire : «Ces opérations sont nettement valorisantes : entre 1962 et 1963, la valeur boursière du portefeuille passe de 82 millions de dollars à plus de 120 millions, dont moins de 9% dans le domaine de l'énergie.»

Le cas du Québec est particulièrement intéressant. Pendant la campagne électorale de 1962 et après, le cartel des entreprises d'électricité, mené surtout par la très puissante Shawinigan Water and Power, traitait René Lévesque d'un Castro et d'un Robespierre dans un grand effort concerté d'empêcher la nationalisation ou, en cas d'échec, de faire monter les enchères au maximum. Au lieu de reconnaître que l'État québécois allait simplement se porter acquéreur des actions de ces entreprises comme cela se fait sur le marché, le cartel l'accusait de vouloir carrément exproprier ces entreprises. Une vraie expropriation aurait pu se justifier, considérant la nature collective des sources des richesses accumulées. Très bon joueur, le Québec a très bien payé les actions des entreprises d'électricité et Power Corporation en est sortie d'autant plus riche. Alors que la valeur totale des actions de Power Corporation dans les deux entreprises québécoises nationalisées, la Northern Quebec Power et la Shawinigan Water and Power, était, au 31 juin 1961, de 15 840 000 dollars, Power a reçu 19 280 000 dollars pour ces mêmes actions, une belle prime d'environ 22 %.

Forte d'un portefeuille dont la valeur boursière dépassait 120 millions de dollars en 1963, Power s'est adjoint un nouveau chef de la direction dont on entendrait beaucoup parler plus tard, Maurice Strong, cet homme dont la carrière l'amènerait à des postes bien en vue à l'ONU dans le cadre environnemental ainsi qu'à la tête d'Ontario Hydro. Selon feu Jean Hennessey, environnementaliste américaine proche de l'administration de Bill Clinton qui connaissait bien Maurice Strong, ce dernier « a toujours été bon pour se faire des biens en faisant bien » (« *He was always good at doing well while he was doing good* »). Ainsi, avec les coffres pleins et sous la direction de Maurice Strong, Power a pu faire l'acquisition de participations importantes, notamment dans la Laurentide Financial Corporation, la Canada Steamship Lines, la Consolidated-Bathurst, établie par la fusion de de la Consolidated et de la Bathurst en 1966, et la Dominion Glass. L'objectif était maintenant d'acheter suffisamment d'actions pour assurer un contrôle réel sur ces entreprises, même sans avoir 50 % des actions. Ainsi, au 31 décembre 1967, à la veille de la prise de contrôle de Power par Paul Desmarais, l'entreprise avait un portefeuille de valeurs consolidé de l'ordre de 152 millions de dollars.

Alors que le printemps 1968 évoque pour plusieurs une période de révolte et de liberté dans le monde entier, pour Power Corporation, il marque la première occasion où, en raison de sa taille, de sa forme et de son influence, elle a été accusée d'être un État dans l'État et une vraie menace pour la démocratie. Avril 1968, Power Corporation fusionne avec la Corporation des valeurs Trans-Canada, contrôlée par Paul Desmarais, en vertu d'une autre prise de contrôle indirecte. Cette transaction a propulsé Paul Desmarais à la tête d'une société de portefeuille dont l'avoir atteignait 340 millions de dollars investis dans des entreprises évaluées à environ 4 milliards de dollars. Parmi les entreprises dans le giron de Power et des entreprises dont elle avait le contrôle figuraient quelques-uns des joyaux qui permettraient à l'empire de s'enrichir et d'étendre son influence. Mentionnons seulement une participation de 34 % dans le Groupe Investors, de 15,6 % dans la Consolidated-Bathurst, de 30 % dans la Canada Steamship Lines, de 51,2 % dans l'Impériale vie et de 23,7 % dans le Montréal Trust. C'est aussi dans la foulée de cette fusion qu'est née la société Gesca ltée appartenant entièrement à Gelco. Pour se conformer à la loi de l'Assemblée législative du Québec d'août 1967, il a fallu que le contrôle du journal *La Presse* reste entre les mains de Paul Desmarais et de son associé Jean Parisien. Car tout en ayant le contrôle de Power Corporation, Paul Desmarais ne détenait encore, par le biais de Gelco, que 31,4 % du vote de sa nouvelle prise. Par la même occasion, Gesca est devenue propriétaire des autres journaux qui faisaient partie des Journaux Trans-Canada (*La Tribune*, *Le Nouvelliste*, *La Voix de l'Est* et 10 hebdomadaires) et de postes de radio dont CKAC.

Cette prise de contrôle de Power n'aurait pas pu se faire sans l'aide «de bons amis à la Banque Royale» de Paul Desmarais, comme il le dit lui-même. Rappelons que la transaction a eu lieu quelques mois après la fameuse opération de la «Muraille de Chine», dont Paul Desmarais a été la cheville ouvrière. En effet, c'est la Banque Royale avec d'autres qui avait provoqué la crise en répandant de fausses rumeurs sur la fuite de capitaux. Pour les services rendus, la Banque Royale a ainsi gratifié Paul Desmarais des fonds nécessaires.

Les échos de ces diverses transactions ont résonné jusqu'à l'Assemblée législative du Québec, où on parlait déjà d'une «oligarchie financière» et d'une «puissance plus grande que celle de l'État». «La concentration abusive des entreprises de presse, parlée, écrite ou télévisée, entre les mains des mêmes intérêts économiques, tonnait le député Yves Michaud, laisse planer une menace grave sur l'État, les partis politiques et les élus du peuple, les groupes de pression et sur la conduite des affaires publiques.» Aujourd'hui, avec le recul, on peut dire que les députés à Québec en 1968 n'avaient strictement rien vu, quand on considère la situation qui prévaut en 2008. Mais au moins, ils en ont parlé et ont fait déclencher une commission d'enquête.

Le Groupe Investors, dont Power a pris le contrôle absolu en 1970, gérait déjà le plus important groupe de fonds communs de placement au Canada en 1975. Et c'est le Groupe Investors qui, en 1969, fera l'acquisition pour Paul Desmarais de la Compagnie d'assurance-vie Great-West. Ces deux entreprises, dont le siège social était à Winnipeg, et s'y trouve toujours, sont aujourd'hui les véritables vaches à lait de Power Corporation.

En 1970, grâce encore à l'aide de la Banque Royale, Power a fait passer à 36,5 % sa participation dans la Consolidated-Bathurst, une entreprise en crise, ce qui lui en donnait le contrôle, même si Desmarais avait visé le contrôle absolu avec 50 %. On notera que, pour en prendre le contrôle, Paul Desmarais a offert aux actionnaires de la Consolidated-Bathurst une prime d'environ 30 % sur la valeur des actions. Cette prime de prise de contrôle, reconnue comme règle dans les marchés, reviendrait sur le tapis à la fin des années 1980 lorsqu'il serait question de fusionner la Consolidated-Bathurst, contrôlée par Paul Desmarais, et la Domtar, contrôlée par la Caisse de dépôt et de placement du Québec. On verra que ce que Paul Desmarais offrait lors d'une prise de contrôle d'une entreprise et ce qu'il exigeait au moment de la vente ne s'appliquait qu'à l'entreprise privée. Car quand la Caisse allait exiger, comme elle se devait, la prime de 30 % pour sa position de contrôle dans la Domtar, Paul Desmarais allait refuser de l'accorder. Semble-t-il que, pour lui, une société d'État québécoise doit lui faire des cadeaux.

Toutes ces prises de contrôle et cette expansion fulgurante de l'empire Desmarais n'auraient pas été possibles, rappelons-le, sans l'accumulation de richesses initiales d'entreprises hydro-électriques travaillant dans une situation de monopole et, par la suite, sans les fonds importants que l'État québécois et d'autres États lui ont généreusement fournis lors des nationalisations. Bref, le patrimoine collectif constitue la fondation même de l'empire de Paul Desmarais. Toute son habileté financière, son flair et ses amis bien placés et bienveillants comme ceux de la Banque Royale ne lui auraient jamais procuré les sommes nécessaires pour commencer à amasser sa fortune.

Mais l'État a également facilité l'enrichissement d'empires milliardaires canadiens d'une autre façon, vraisemblablement imprévue. C'est la valse de millions de dollars en 1972 entre Power Corporation et la Canada Steamship Lines, future propriété de Paul Martin, qui l'illustre le mieux. Feu Jacques Guay, grand journaliste, a qualifié ce genre de valse tant affectionné par les bonzes du secteur dit privé d'astuce « économico-juridico-trompe-impôts ».

En effet, le gouvernement libéral de Pierre Trudeau a amendé la Loi de l'impôt sur le revenu en 1970 pour permettre à des entreprises canadiennes de déduire de leur revenu imposable les frais d'intérêts qu'elles versaient pour rembourser l'argent emprunté aux fins d'investissement dans des entreprises canadiennes. L'objectif de cette modification, qui n'est entrée en vigueur qu'en juin 1972 pour permettre aux avocats et aux comptables des grandes entreprises d'en maîtriser les subtilités, consistait à créer pour des sociétés canadiennes les mêmes conditions dont jouissaient les sociétés étrangères qui avaient dans leur mire des compagnies canadiennes. Bref, l'idée consistait à rendre les compagnies canadiennes plus concurrentielles.

Flairant la bonne affaire, en septembre 1971, Power Corporation a offert d'acheter en argent comptant toutes les actions de la Canada Steamship Lines avec une prime de 30,6 % sur le cours de l'action à la Bourse – encore cette prime de 30 % que Paul Desmarais refuserait à la Caisse. Une fois l'offre acceptée, la Canada Steamship Lines est devenue une filiale à part entière de Power Corporation. Par la suite, Power Corporation a vendu à ce transporteur maritime presque tout son portefeuille, évalué à 145,2 millions de dollars. Rappelons que le portefeuille comprenait le Groupe Investors, la Consolidated-Bathurst, Gesca et beaucoup d'autres. La Canada Steamship Lines a payé 70,5 millions de dollars en argent comptant et 74,6 millions en billets comportant un intérêt de 9,5 % et en une série d'obligations venant à échéance à différents moments jusqu'en 1992.

Cette astuce « économico-juridico-trompe-impôts » a eu la sale vertu – si on nous permet l'oxymore – de permettre à Power Corporation de rembourser rapidement la dette engagée pour acheter la Canada Steamship Lines en utilisant l'argent reçu de cette dernière pour son portefeuille. De plus, la Canada Steamship Lines pouvait dorénavant déduire de ses revenus imposables tous les frais d'intérêts qu'elle payait sur l'argent emprunté pour acheter le portefeuille de Power. Il s'agissait d'une réduction d'impôt colossale. Comme la loi stipulait qu'une entreprise devait payer l'impôt avant de déclarer des dividendes à ses actionnaires, la Canada Steamship Lines pouvait maintenant dégager de meilleurs dividendes qu'elle versait à son unique actionnaire, Power Corporation. Parallèlement, Power Corporation a commencé à recevoir de la Canada Steamship Lines des intérêts des obligations et des billets, alors que jusque-là elle ne touchait presque pas de revenus, à part les dividendes non imposables. Donc, elle n'avait pas eu auparavant accès à l'avantage fiscal permettant de déduire ses frais d'intérêts et ses autres dépenses. Objet de critiques virulentes, cette astuce a eu pour résultat d'enrichir l'actionnaire principal de Power et de lui dégager des liquidités.

L'amendement de la Loi de l'impôt sur le revenu n'avait aucunement pour objet déclaré de permettre à des entreprises milliardaires d'éviter de payer des impôts simplement en jonglant avec leur organigramme et leur comptabilité. Mais c'est là son principal impact puisque d'autres empires n'ont pas tardé à emboîter le pas à Power Corporation. Difficile de dire si elle a eu pour effet de contrer des prises de contrôle d'entreprises canadiennes. Or, le gouvernement Trudeau n'a pas contesté la manœuvre de Paul Desmarais et aucun gouvernement fédéral depuis n'est venu remettre en question cette pratique qui n'avait pas été prévue à l'origine. Ce qui confirme la notion selon laquelle les hommes d'affaires cultivent l'amitié des politiciens surtout pour empêcher qu'ils agissent contre leurs intérêts.

Une autre personne présente dans cette manœuvre mérite mention. Il est guère étonnant, en effet, de noter que Paul Martin, qui était déjà au service de Power Corporation depuis 1969, serait, à partir de 1973, président et ensuite président-directeur général de la Canada Steamship Lines, lui qui est devenu le grand artiste de l'évitement fiscal par l'utilisation astucieuse des paradis fiscaux. On voit qu'il a été à la bonne école.

6

Argus, ou le cocu content

Tu es cocu et tu t'en fous
L'indifférence.

<small>GILBERT BÉCAUD</small>, *L'indifférence*

Ornant le capot de chacune des quatre Cadillac, des trois Rolls-Royce, des deux Mercedes, des deux Lincoln Continental et de la Packard de Conrad Black, quand tout allait bien pour lui, il y avait un écusson, plaqué or de six carats, où un aigle tue un serpent. Il s'agit de l'emblème choisi par le mentor du magnat déchu, Bud McDougald, ancien grand patron de la société très torontoise Argus, un empire qui symbolisait le pouvoir économique de l'*establishment* canadien. McDougald avait posé l'écusson sur son parc de 30 autos de collection – et Conrad Black lui a emboîté le pas – pour symboliser la défaite qu'il avait infligée à Paul Desmarais lorsque celui-ci a tenté de prendre le contrôle d'Argus en mars 1975. N'a-t-on pas toujours cette volonté de figer, en bronze ou en or, pour la mémoire, ses plus hauts faits d'armes? Voilà que l'aigle canadien-anglais McDougald tue le serpent canadien-français Desmarais, empêchant ainsi ce *French Canadian* parvenu d'intégrer le Saint-Siège du pouvoir économique canadien. Le même Bud McDougald avait fait socialement ce que l'aigle a fait au serpent. En effet, McDougald avait blackboulé Paul Desmarais du club très sélect des Everglades à Palm Beach, en Floride. Pour donner à Paul Desmarais une leçon qu'il n'oublierait pas de sitôt, McDougald et compagnie ont également activé leurs multiples amis et sous-fifres à Ottawa pour faire en sorte que, même si le locataire du 24 Sussex à ce moment-là, Pierre Elliott Trudeau, était un protégé du président de Power Corporation, le gouvernement fédéral établisse une commission royale d'enquête sur la concentration des entreprises. De plus, les porte-parole du gouvernement Trudeau ont visé nommément le cas de Power Corporation pour justifier la création de cette commission alors que l'offre publique d'achat d'Argus faite par Power n'avait même pas expiré. Comme taloche en pleine face d'un pays tant aimé, difficile de faire mieux.

Argus était une société de gestion ou société de portefeuille, un peu à l'image de Power, qui a pris de l'expansion surtout dans la foulée de la Seconde Guerre mondiale. Son patron à l'époque s'appelait E. P. Taylor, reconnu comme l'un des hommes les plus riches et puissants du Canada. Très diversifiées, Argus et ses filiales étaient actives dans les mines avec Hollinger Mines, dans les épiceries avec les magasins Dominion, dans l'équipement agricole avec Massey Ferguson, dans l'industrie forestière avec la Domtar et dans les communications avec Standard Broadcasting. Leurs dirigeants prenaient de l'âge de sorte que, déjà en 1974, l'ancien grand patron E. P. Taylor avait proposé à McDougald de vendre Argus.

Jugeant le moment opportun, Power a fait une offre considérée généreuse le 25 mars 1975. L'offre a fait la manchette du *Globe and Mail* le lendemain. L'article du *Globe* soutient que « le contrôle d'une partie importante de l'industrie canadienne » était en jeu et cite le PDG d'Argus, Bud McDougald, selon qui « le contrôle d'Argus n'était pas à vendre ». Il dirait plus tard avec mépris que l'offre de Power Corporation sortait d'un conseil d'administration qui « [venait] tout droit d'*Alice aux pays des merveilles* » et que celui-ci ne faisait que « jouer pour la galerie ». Le surlendemain de l'annonce de l'offre d'achat, le premier ministre Trudeau et son ministre André Ouellet, sans doute alertés par Bay Street, ont annoncé qu'ils allaient vérifier si cette acquisition allait à l'encontre des lois sur les trusts et les coalitions.

L'offre, qui expirait le 25 avril, a suivi son cours avec l'envoi le 3 avril d'une lettre d'offre en bonne et due forme à tous les actionnaires. Toutefois, McDougald et ses amis contrôlaient

Argus par l'entremise du groupe Ravelston et tous étaient solidaires dans leur opposition au parvenu Desmarais. Dans sa cabale anti-*French Canadian* contre Desmarais, McDougald a obtenu l'aide d'un autre conscrit, Hal Jackman qui, plus tard, deviendrait lieutenant-gouverneur de l'Ontario. Ce dernier a expliqué qu'il a été invité par McDougald à se joindre au conseil d'Argus au moment où Paul Desmarais essayait d'acheter la société de portefeuille et que, lors d'une réunion privée au Toronto Club, McDougald lui a parlé du « besoin indispensable de préserver la pureté de la liste des membres du Club des Everglades de Palm Beach » en se référant particulièrement à Desmarais.

Autre fait cocasse à propos duquel l'*establishment* torontois et des commentateurs des médias anglais se sont bidonnés : Paul Desmarais a dû obtenir l'approbation des directeurs de la Banque Royale et de la Banque CIBC pour financer l'offre d'achat. La CIBC était plus que disposée à la financer, d'autant plus que Bud McDougald était un directeur de cette banque. Comme McDougald détenait, avec ses alliés, plus de 80 % des actions avec droit de vote, il savait que, pour garantir son offre, Desmarais devait payer des frais considérables à la CIBC et ainsi l'enrichir sans jamais espérer prendre le contrôle d'Argus. Bud McDougald n'a pas hésité, d'ailleurs, à s'en vanter dans le *Montreal Star* et le *Globe and Mail* au détriment de Paul Desmarais.

Il est important aussi de rappeler le rôle de la Caisse de dépôt et de placement du Québec, surtout aujourd'hui quand les chantres du privé à tout crin occupent le haut du pavé. En effet, fidèle à la mission qui l'a fait naître, soit de contribuer au dynamisme de l'économie du Québec, la Caisse avait assuré Power Corporation de son soutien et de sa volonté de lui vendre les actions qu'elle détenait, dont 4 % des actions d'Argus avec droit de vote. Cette intervention étatique n'a pas provoqué de réaction de principe négative de la part du dirigeant de Power, qui semblait être animé par un principe se résumant à « oui à l'État qui me sert, non à l'État qui ne me sert pas ».

Pendant que Paul Desmarais tentait de convaincre les actionnaires d'Argus de vendre leurs actions, le gouvernement fédéral, obéissant à la volonté de l'*establishment* torontois, uni comme un seul homme derrière Bud McDougald, a annoncé le 21 avril 1975 qu'il établissait la commission royale d'enquête sur les groupements de sociétés sous la présidence de Robert B. Bryce. C'était la première fois que Trudeau créait une commission « royale » depuis son arrivée au pouvoir en 1968. Si Paul Desmarais avait encore un petit espoir de convaincre des actionnaires d'Argus ayant droit de vote de lui vendre leurs actions, ce camouflet d'Ottawa l'a tué. Même si, à l'expiration de l'offre le 25 avril 1975, Paul Desmarais avait réussi à mettre la main sur 80 % des actions privilégiées, sans droit de vote, ce qui lui donnait plus de 50 % de l'avoir des actionnaires, les dirigeants d'Argus ont refusé de lui accorder ne fût-ce même qu'un seul siège au sein du conseil d'administration.

Le dénouement de cette saga n'est guère différent de ses débuts. Paul Desmarais se trouvait dans une situation où, pour prendre le contrôle d'Argus, il n'avait d'autre choix que d'attendre en espérant que les héritiers des actionnaires d'Argus seraient davantage disposés à lui vendre leurs actions. Or, malheureusement pour lui, les héritiers et héritières étaient mus surtout par les liens de sang anglo-saxons, ce qui les amenait à accepter les avances d'un des leurs, le jeune Conrad Black, dont le père George Monte Black, un pur « *blueblood* », avait fréquenté les bonnes écoles, les bons clubs et les bons conseils d'administration. En 1978, Conrad Black a donc pris le contrôle d'Argus après le décès de McDougald, bloquant en même temps une dernière tentative faite par Desmarais de lui racheter les actions d'Argus. Paul Desmarais a finalement abandonné la partie à la fin de 1978 en vendant ses actions d'Argus à Conrad Black sous les bons auspices de nul autre que Brian Mulroney. Entre-temps, il a fallu se plier aux exigences de la commission royale d'enquête sur les groupements de sociétés mise sur pied par Ottawa et rendre publics tous les livres comptables de ses entreprises, comble de l'humiliation pour un homme qui vénère le secret. Il a même dû ouvrir tous les livres comptables de Gesca et de ses filiales et se soumettre à une enquête sur la liberté d'information au sein du journal *La Presse*, étude qui a été publiée en 1977. Même les livres comptables de Gesca et de ses filiales, que Power Corporation refuse en 2008 de dévoiler à ses propres actionnaires malgré une décision des tribunaux favorable à la demande faite par le MÉDAC et Yves Michaud.

Qu'il y ait eu au Canada, et qu'il y ait encore, une concentration dangereuse du pouvoir économique et politique, bien aveugle est celui qui dirait le contraire. Cette fameuse coordination ou synchronisation d'entreprises censées être en concurrence avec l'appui tacite et parfois ouvert des dirigeants politiques est une constante dans l'histoire économique du Canada. La relation incestueuse entre Argus et la Banque CIBC lors de la tentative de Desmarais d'acheter Argus en était une preuve en soi. En revanche, le Canada n'a jamais levé le petit doigt en ce sens avant qu'un ambitieux Canadien français vivant au Québec ne décide de faire la même chose que ce qu'avait toujours fait l'*establishment* canadien. L'annonce de la création de la commission royale a eu l'effet souhaité, soit de satisfaire le tout Bay Street et de mettre un dernier clou au cercueil de l'offre publique d'achat de Desmarais. La commission a fini par accoucher d'un rapport insignifiant, concluant notamment que le regroupement des sociétés était souvent une bonne chose pour le Canada. L'intérêt de cette commission se trouve toutefois dans certains documents afférents et certains témoignages, dont celui de Paul Desmarais.

Cet échec lamentable de Paul Desmarais à Toronto figure parmi les quelques exemples qui ont poussé un homme d'affaires canadien à dire que «*Desmarais was never able to make it in Canada*» («Desmarais n'a jamais réussi en affaires au Canada»). Rebuffade raciste ou simple solidarité torontoise, allez savoir! Il demeure que tout cela s'est passé entre 1975 et 1979, au moment même où le Québec était en ébullition et qu'un autre choix s'offrait à qui voulait bien le prendre. Avec le référendum de 1980 prévu dans un proche avenir, l'occasion était à portée de main de faire du Québec un pays souverain, de consacrer l'égalité des peuples et de donner à Montréal et aux entrepreneurs québécois le soutien nécessaire pour empêcher ce genre de rebuffade. Quelle a été la réaction du dirigeant de Power Corporation? Un coup de pouce à René Lévesque et à Jacques Parizeau, un clin d'œil solidaire, un mot d'ordre auprès des gens d'affaires du Québec sur l'intérêt possible de donner une chance à l'Option Québec? Nenni! Ce fut le contraire même!

Comme l'a décrit en détail Pierre Dubuc dans son livre *L'autre histoire de l'indépendance*, de 1976 à 1980, Paul Desmarais a dirigé une série de transactions financières importantes au sein du milieu des affaires québécois ayant pour but de compromettre des dirigeants de grandes entreprises québécoises, jusque-là tentés par l'aventure souverainiste, et de leur faire croire que le Canada leur offrait la lune et qu'il n'était pas dans leur intérêt d'appuyer la réalisation de la souveraineté du Québec. À ce sujet, un haut dirigeant d'affaires du Québec qui désire conserver l'anonymat a noté que Paul Desmarais pouvait compromettre les gens de toutes sortes de manières. Parmi les transactions financières, signalons la fusion de la Banque Provinciale et de la Banque canadienne nationale pour former la Banque Nationale, et la cession de la compagnie d'assurances Imperial Life à La Laurentienne, laquelle serait dirigée par Claude Castonguay, joueur important de la Révolution tranquille.

La saga d'Argus serait incomplète sans épilogue. En effet, l'aigle qui a tué le serpent a fini par se faire piéger à Chicago et, depuis lors, il vole beaucoup moins haut, étant cloué au sol dans une prison en Floride. Avant que Conrad Black, *Lord of Crossharbour*, ne soit condamné, toutefois, ses avocats ont présenté, pour sa défense le 28 novembre 2007, plusieurs lettres et témoignages d'appui. Parmi les illustres partisans de l'aigle blessé, signalons une belle lettre de William Johnson, journaliste et ancien président d'Alliance Québec et ardent défenseur de la partition du Québec, que l'avocat de Conrad Black a choisi de mettre en évidence. Johnson et les avocats ont encensé Conrad Black pour sa position sur l'illégalité de la souveraineté du Québec avant la tenue du référendum de 1995. En plus de William Johnson, l'aigle victorieux d'Argus pouvait également se vanter d'avoir reçu une lettre de celui qui incarnait le serpent mort sur l'écusson de ses autos de collection, Paul Desmarais.

7

Main basse sur Paribas 1981 : une grand-croix pour un grand coup fourré

Depuis qu'à Paris
On a pris la Bastille
Dans les faubourgs à chaque carrefour
Il y a des banquiers et des 200 familles
Qui chaque nuit, chaque jour
Font des sal's tours
Paris-ci par là-bas
Paribas…

FRANCIS LEMARQUE et ROLAND BACRI,
Le Canard enchaîné, le 28 octobre 1981

Jouant à saute-mouton par-dessus René Lévesque, Paul Desmarais s'est fait offrir par son ami Sarkozy, le 15 février 2008, la décoration la plus prestigieuse que la France décerne. Desmarais savait sûrement qu'il damait ainsi le pion au Québécois qui, jusque-là, avait eu la plus haute distinction de la France. Sarkozy le savait aussi bien, tout comme tous les chefs de protocoles de la France, du Québec et du Canada. Le tandem Desmarais-Sarkozy damait aussi le pion à tout le mouvement politique que René Lévesque représentait. Pour Paul Desmarais, il n'y avait rien de nouveau, puisqu'il s'est battu toute sa vie contre l'idée qu'incarnait René Lévesque qu'il avait qualifié de « maudit socialiste ». Mais pour la France et son président qui la représentait à cette cérémonie, il s'agissait d'un camouflet bien dirigé contre une certaine idée du Québec que tous les prédécesseurs de Sarkozy de tous les partis confondus depuis le général de Gaulle avaient embrassée à des degrés différents. Beaucoup de Québécois ont subi la cérémonie à l'Élysée comme une gifle à la mémoire de René Lévesque. D'autant plus que, dans son discours de présentation de la grand-croix, Sarkozy n'avait rien d'autre à vanter que le succès de Paul Desmarais à amasser une énorme fortune personnelle et l'aide que le patron de Power Corporation lui avait apportée dans son ascension à la présidence. Des contributions plutôt minces par rapport aux valeurs que la France prétend vouloir symboliser.

La nouvelle de cette grand-croix a fait peu de vagues en Europe. Elle a sans doute été perçue comme un caprice de président, voire une autre récompense de Sarkozy à ses amis milliardaires. Car 10 jours plus tard, il a octroyé la même haute distinction au milliardaire belge Albert Frère, faisant ainsi des deux seuls convives de nationalité étrangère ayant assisté à sa fête de victoire pour milliardaires au Fouquet's, le 6 mai 2007, des grand-croix de la Légion d'honneur. En revanche, à Colombey-les-deux-églises, on aurait peut-être pu entendre le général de Gaulle se retourner dans sa tombe après avoir entendu qu'un prétendu gaulliste avait décoré l'homme dont l'un des premiers faits d'armes politiques avait été, à Hawaii, de faire capituler le premier ministre Daniel Johnson au lendemain du « Vive le Québec libre » de juillet 1967.

Si tous les Français connaissaient bien le chapitre de l'histoire de l'enrichissement de Paul Desmarais en Europe, enrichissement tant vanté par Sarkozy, peut-être verraient-ils, eux aussi, ces deux grand-croix comme des gifles. Au sujet d'Albert Frère, un haut fonctionnaire de la Commission européenne a dit sans hésitation : « Pour moi, c'est un prédateur ; il a joué au Monopoly, mais n'a jamais créé richesse ni emploi. » Cette description lapidaire s'applique-t-elle à « l'œuvre commune » des Desmarais et des Frère en France et en Europe, œuvre que Sarkozy a de si belle façon récompensée ? Cette œuvre a vraiment été lancée en 1981.

Dans son histoire officielle, Power Corporation décrit ses débuts en Europe comme suit :

> « La même année [1981], Power Corporation a pris une décision que l'avenir révélerait avoir été

particulièrement heureuse : elle a pris une participation de 20 millions de dollars dans Pargesa Holding S.A., une société suisse qui possédait elle-même un bloc d'actions important de la Banque de Paris et des Pays-Bas (Suisse). Cette banque suisse avait été une filiale de la Compagnie Financière de Paris et des Pays-Bas – la banque française maintenant appelée Paribas – avec laquelle Power entretenait des liens étroits depuis plusieurs années. Paribas avait acheté 20 % de Power en 1978 et Power, 2,3 % de Paribas en 1979, et les deux sociétés étaient représentées à leurs conseils d'administration respectifs. Juste avant sa nationalisation en 1981, Paribas avait vendu ses entreprises étrangères ; avec la compensation qu'elle a reçue lors de la nationalisation, Power a acheté des actions de Pargesa Holding avec d'autres partenaires, notamment l'homme d'affaires belge Albert Frère, avec lequel cette opération a marqué le début d'un partenariat remarquable et éminemment favorable pour Power. »

Rarement trouvera-t-on aussi javellisée l'histoire d'un grand scandale politico-financier international, scandale dans lequel Paul Desmarais a joué un rôle clé avec Albert Frère. Rarement, sauf peut-être dans sa propre description au *Point* en juin 2008 : « J'ai acheté 5 % de Paribas. Et puis après 1981, quand François Mitterrand est arrivé, nous avons récupéré Pargesa avec Albert Frère. C'est là que nous avons logé nos participations en France. »

Le point de départ de l'affaire Paribas a été l'élection, le 10 mai 1981, du gouvernement socialiste de François Mitterrand, qui a nommé comme premier ministre Pierre Mauroy. D'abord, un peu d'histoire.

Depuis la fin des années 1960, la gauche française s'était ralliée autour d'un programme de nationalisation dans plusieurs secteurs industriels et financiers. Ce programme, qui fut au cœur de la campagne électorale de 1981, avait été diffusé et débattu à grande échelle. Parmi les objectifs principaux : 1) préserver les instruments essentiels au développement économique de la France ; 2) contribuer à la relance économique par l'augmentation des investissements et la création d'emplois, moderniser l'appareil productif et reconquérir le marché intérieur français; et 3) offrir un champ d'expérimentation de nouveaux rapports sociaux au sein du monde du travail. Il s'agit là d'un programme intéressant pour 1981, mais aussi pour 2008, alors que de nombreux pays, y compris la France, le Québec et – tiens! – le Canada, poussent de hauts cris sur la perte de contrôle de l'économie.

Dans cette élection chaudement disputée de 1981 où le taux de participation a frôlé 86%, François Mitterrand a emporté la victoire avec près de 52% des suffrages exprimés. Bref, une élection démocratique où les enjeux étaient bien connus de la population française. Et un résultat clair! La majorité du peuple français favorisait les nationalisations, y compris celle des banques, dont toute la Compagnie Financière de Paris et des Pays-Bas ou Paribas.

Dès le 8 juillet 1981, le premier ministre Pierre Mauroy a annoncé ses couleurs : « La nécessité de la nationalisation du crédit est apparue très tôt dans la vie politique française… La nationalisation, longtemps envisagée, des banques d'affaires fut alors contrariée par la pression des forces conservatrices. C'est cette réforme que nous entendons parachever aujourd'hui… » Malgré les hauts cris des financiers et des journaux de droite qui ont comparé la nationalisation de la première banque d'affaires européenne à la tant décriée nationalisation par Nasser du canal de Suez en 1956, le processus suit son cours, le gouvernement Mauroy insistant sur le fait que les nationalisations se feraient rapidement et sous le signe d'une « pleine autonomie » et des « performances ». En précisant qu'il respectait l'autonomie des entreprises nationalisées ainsi que les performances, le gouvernement Mauroy voulait sûrement rassurer les idéologues de la droite. Mais peine perdue!

En bref, tramant notamment avec Pierre Moussa, président de Paribas, et Pierre Scohier, président de Cobepa, filiale belge de la banque Paribas, Paul Desmarais et Albert Frère ont furtivement mis la main sur la filiale ultra-prospère de Paribas en Suisse en empêchant sa nationalisation contre la volonté clairement exprimée des Français et de leur gouvernement. José-Alain Fralon, biographe d'Albert Frère, qualifie l'opération de « l'attaque du train postal ». Selon Jean Baumier, « Paribas (Suisse) est tout simplement la première banque étrangère du pays (Suisse), avant les géants américains ou japonais. C'est aussi un des plus beaux fleurons du groupe Paribas à l'échelle de la planète puisqu'il représente environ 5 % de la valeur totale... et une de ses principales sources de profits ».

Résumons les événements.

À la fin de 1980, avant l'année électorale, Paribas contrôlait sa filiale suisse Paribas-Suisse, avec 72 % du capital, ainsi que sa filiale belge Cobepa avec 59,6 % du capital. Selon l'ancien président de Paribas, Pierre Moussa, le grand patronat français ne croyait pas possible une élection socialiste. Dès le 11 mai 1981, un « cabinet de guerre » – les mots sont de Moussa – s'est constitué pour empêcher la nationalisation de Paribas ou, du moins, certaines parties de la banque, dont les filiales internationales prospères. La première stratégie consistait à convaincre les nouveaux élus de ne pas la nationaliser, mais le plan B et les stratagèmes plus fourbes étaient déjà bien au point, prêts à être mis en œuvre.

Pierre Schohier, président de la filiale Cobepa, explique que, dès l'été 1981, il a reçu un appel de Paribas International lui demandant de réunir une grosse somme d'argent qui permettrait de soutirer à Paribas ses filiales étrangères. Vraisemblablement, Paul Desmarais et Albert Frère faisaient partie du très riche tour de table ainsi réuni par Pierre Schohier, qui serait récompensé plus tard par une nomination au conseil d'administration de Power Corporation.

La méthode de la persuasion du « cabinet de guerre » de Pierre Moussa n'a pas réussi à infléchir le gouvernement Mauroy qui, le 9 septembre, a déclaré : « Les Compagnies financières de Paribas et de Suez seront également nationalisées ». Par ailleurs, dans son discours de la rentrée du 24 septembre 1981, le président François Mitterrand a répété que les banques Paribas et Suez seraient nationalisées comme prévu et comme promis. L'heure du subterfuge était donc arrivée. Alors que le Conseil des ministres adoptait le projet de loi sur les nationalisations le 23 septembre et que l'Assemblée nationale française et ses commissions commençaient à l'étudier, Pierre Moussa cabalait avec des financiers internationaux, dont Albert Frère et Paul Desmarais, contre ce qu'il qualifiait de «socialistes des profondeurs». Et voici ce qu'ils ont fait.

Le 5 octobre, Paribas a cédé 20% du capital de Paribas-Suisse à sa filiale belge Cobepa. Au cours des mois précédents, environ 12% du capital avait déjà été cédé, ce qui a fait passer la portion contrôlée par la maison mère de Paribas de 72%, ce qu'elle était à la fin de 1980, à 40%. Donc, la banque qui allait être nationalisée n'avait plus le contrôle de sa filiale suisse. Deux jours plus tard, le 7 octobre, Paribas a cédé des actions de sa filiale belge Cobepa à Paribas-Suisse pour passer en dessous de la barre de 50%, perdant ainsi le contrôle de la filiale belge. Donc, à l'insu du gouvernement français, en deux opérations, deux mouvements, les plus riches filiales ne sont plus contrôlées par la banque en voie de nationalisation. Ce n'est pas fini.

Le lendemain, le 8 octobre, une société suisse jusque-là inconnue, Pargesa, société dormante depuis 23 ans dont la dénomination exacte est Paribas-Genève S.A., voit son capital passer de 50 000 francs suisses à 280 millions de francs suisses. Une partie importante de ce renflouement venait de Paul Desmarais – les 20 millions de dollars décrits délicatement dans l'histoire officielle de Power Corporation citée ci-dessus. Coup de théâtre le lendemain 9 octobre: Pargesa fait paraître dans le *Journal de Genève* une publicité: «Pargesa Holding S.A. offre à tous les actionnaires de la Banque de Paris et des Pays-Bas (Suisse) de leur échanger leurs actions contre des actions Pargesa, à raison de 11 actions Paribas-Suisse pour 7 actions Pargesa.»

Pierre Moussa a accordé une entrevue au journal *Le Monde* le 2 octobre où il laissait entendre qu'il allait jouer le jeu du gouvernement français, même s'il n'était pas d'accord. Son entrevue faisait partie d'un grand débat sur un projet de société français. En cela, cette période dans l'histoire récente de la République française ressemble aux périodes référendaires au Québec. Pierre Moussa s'est également engagé par écrit auprès du ministre des Finances, Jacques Delors, à s'opposer à cette offre publique d'échange (OPE) et à tout faire pour la bloquer, déclarant publiquement qu'il ne ferait rien «sans l'avis des pouvoirs publics». Dans les faits, il faisait exactement le contraire, ce qui a abouti à sa démission avec fracas le 21 octobre à l'insistance d'autres membres du conseil d'administration de Paribas. Flairant l'arnaque, les syndicats français ont dénoncé le transfert à l'étranger d'actions de Paribas qui, selon eux, faisait partie d'une « opération télécommandée et préparée de longue date » par un groupe d'acheteurs très proches de Paribas. Ils ne pouvaient pas mieux dire. À titre d'exemple, Pierre Moussa, cerveau de l'opération, était membre du conseil d'administration de Power Corporation en 1979 ainsi qu'en 1980, et il y a été remplacé en 1980 par l'acteur numéro deux de l'affaire, Gérard Eskenazi.

Le lendemain de la démission de Pierre Moussa, Pargesa Holding a annoncé qu'elle avait pris le contrôle de la filiale suisse de Paribas au moment même où l'Assemblée nationale française étudiait le projet de loi sur la nationalisation, même si, une semaine plus tôt, Pargesa avait nié formellement qu'elle voulait aller à l'encontre du gouvernement français. Quelques jours plus tard, la filiale belge Cobepa est tombée officiellement sous le contrôle d'intérêts étrangers, hors de portée de la nationalisation.

Le premier ministre Pierre Mauroy a réagi très vivement le 23 octobre en accusant les auteurs du coup d'avoir une « mentalité d'émigrés » comme celle des aristocrates entre 1789 et 1799 qui, avec l'aide d'aristocrates des pays voisins, se sont sauvés avec leur butin pour échapper à la Révolution française. « Il y a des lois pour tous les citoyens et personne ne peut y échapper, a déclaré Pierre Mauroy. Les Français ont donné mandat à leurs élus pour procéder à la nationalisation de Paribas. Nous le ferons, et M. Moussa ne peut se soustraire à la loi commune. C'est très grave si on essaie de soustraire certains actifs de Paribas. »

Réagissant tardivement, le gouvernement français a décrété, le 28 octobre, que toute cession et tout échange d'avoirs concernant des sociétés étrangères contrôlées par des sociétés pouvant être nationalisées devaient être autorisés au préalable. Aussi, le ministre du Budget a entamé des poursuites contre Pierre Moussa et d'autres au sein de la direction de Paribas, notamment pour exportations illicites de capitaux au cours des années précédant la nationalisation. Le procès s'est terminé en 1983 par un règlement hors cour.

Quelle que soit la manière d'aborder cette histoire, il demeure qu'en faisant gonfler le capital de Pargesa le 8 octobre pour faire main basse sur le plus beau fleuron de Paribas avant qu'elle ne tombe entre les mains de la France, Power Corporation et le groupe belge Frère-Bourgeois, comme leur acolyte Pierre Moussa, ont défié la volonté populaire et démocratique des Français. Comme acte de naissance de la ramification de Power et son bras agissant en Europe, qui dit mieux ? À ce sujet, l'histoire officielle de Power Corporation nous apprend que ce sont les fonds mêmes que le gouvernement français a versés aux actionnaires lors de la nationalisation de Paribas – Power détenait 2,3 % des actions de cette banque d'affaires – que Power a utilisés pour mettre la main sur Pargesa.

N'est-ce pas intéressant de constater que, dès qu'il y a une petite erreur, une baisse de vigilance, une naïveté de la part des élus, de l'État et des médias, ces entreprises qui souhaitent toujours moins d'État, plus de privé, sont là comme des rapaces prêts à sauter sur le cadavre et à avaler les profits ?

Les acteurs principaux ont raconté, ou fait raconter, à leur façon cette opération surnommée par certains « Arche de Noé » – référence biblique oblige. Ils se sont parés sans broncher de tous les beaux qualificatifs. Pierre Moussa a eu l'outrecuidance, dans son autobiographie d'autoencensement *La Roue de la Fortune*, de se comparer à la Résistance dans son combat contre les « socialistes des profondeurs ». Pour sa part, dans une biographie, Albert Frère s'est donné le rôle du rusé homme d'affaires téméraire et habile, donc prospère. Son biographe José-Alain Fralon raconte comment son sujet a comploté avec des hommes politiques belges (dont Willy Claes) et des dirigeants de Paribas pour que l'« Arche », dont lui et son acolyte Desmarais deviendraient d'office les « Noé », puisse flotter même en ayant à bord les lourdes caisses des filiales belge et suisse de Paribas.

À Paul Desmarais, il revient le rôle du valeureux capitaliste ferme et déterminé qui déjoue des socialistes naïfs et incompétents. En effet, dans le seul livre portant sur lui, le journaliste Dave Greber verse dans la langue de la « lutte » des classes pour faire l'éloge de Paul Desmarais et sa première saillie importante en Europe. Sa lutte des classes, bien sûr, est celle qu'il mène contre les classes populaires qui avaient porté François Mitterrand au pouvoir. Au moment où l'arnaque a été consommée, les milieux d'affaires externes à la France ont, selon *Le Monde*, applaudi : « Bien joué ! C'est autant d'arraché à ces socialistes qui spolient les actionnaires… ». Quant au patronat français, il a officiellement joué le jeu du gouvernement socialiste. Les Dassault et Largardère ont même reçu des félicitations du premier ministre Mauroy pour avoir accepté de se départir d'importants morceaux de leur empire. S'il faut en juger des vantardises qu'on peut lire dans le livre de Pierre Moussa, le grand patronat français a secrètement soutenu les Pierre Moussa, Albert Frère, Gérard Eskenazi et Paul Desmarais. Paul Desmarais et Albert Frère ont sûrement gagné des galons aux yeux des « 200 familles » qui possèdent la France, leur donnant ainsi le coffre nécessaire pour étendre leurs affaires en Europe.

Heureusement, il y a des caricaturistes. Le célèbre Plantu du *Monde* a bien résumé ce qui venait de se dérouler. Deux aristocrates avec leurs perruques, leurs culottes et leur fard, s'enfuient, portant des industries entières dans une litière royale normalement réservée pour eux-mêmes. Courant après eux, un sans-culotte avec sa fourche en l'air. Plantu a vu juste s'il faut en juger par le château de Sagard sorti tout droit du XVIIIᵉ siècle que Paul Desmarais s'est fait construire.

Dans les faits, la nationalisation de Paribas a été une réussite et elle a confondu tous les sceptiques et prophètes de malheur qui prédisaient la catastrophe pour cette institution financière puissante. Selon eux, cette catastrophe appréhendée, qu'ils avaient annoncée et qu'ils souhaitaient, justifiait la cabale. Or, selon Jean Baumier dans son livre intitulé *La Galaxie Paribas*, « en 1984 et surtout en 1985, les résultats financiers du groupe continuent à s'améliorer sensiblement. Le résultat net total de 1985 bat tous les records à 2,7 millions de francs. Il a presque doublé par rapport à l'année précédente, et la part de la compagnie financière s'est accrue de 244,5 %. » La banque était en expansion sur tous les fronts.

Peu importe les bons résultats, réseau d'amis riches et idéologie obligent, la droite, qui a emporté les élections législatives en 1987 et porté Jacques Chirac au poste de premier ministre, a privatisé Paribas en janvier 1987. Son ministre de l'Économie et des Finances lors de l'opération n'était nul autre qu'Édouard Balladur, qui deviendrait un proche de Paul Desmarais et vraisemblablement l'une des courroies qui mèneraient celui-ci à Nicolas Sarkozy quelques années plus tard. Cette opération d'environ 20 milliards de francs (5 milliards de dollars), la plus grosse de l'histoire de la Bourse de Paris, Jacques Chirac l'a confiée à Michel François-Poncet, qui serait nommé membre du conseil d'administration de Power Corporation quelques années plus tard. La première année de privatisation confondra encore les chantres de celle-ci. En effet, à la suite du krach boursier d'octobre 1987 et d'autres événements, les actions de Paribas, vendues à 405 francs au début de 1987, se vendaient à 265 francs un an plus tard. Ceci représentait une vraie menace que la France perde le chef de file des banques d'affaires européennes alors que des vautours tournaient autour dans l'espoir d'en prendre le contrôle.

En fait, tous les grands acteurs de la cabale autour de l'affaire Paribas et de sa reprivatisation en 1987 se sont trouvés tôt ou tard dans le giron de Power Corporation, soit comme membre du conseil d'administration de l'entreprise mère, soit comme administrateur ou directeur de l'empire Pargesa. Outre Michel François-Poncet, qui a réalisé la privatisation en 1987, il y a Pierre Scohier, qui avait eu la mission de réunir l'argent nécessaire pour le coup d'octobre 1981. Gérard Eskenazi, PDG de Paribas-Suisse en 1981, filiale tombée sous le joug de Pargesa, et ensuite PDG de Pargesa et de Paribas-Suisse jusqu'en 1990 lorsqu'il a été éjecté par Desmarais et Frère pour avoir tenté de rompre leur alliance. Jean Peyrelevade, « parrain de la finance française », membre du conseil de Power Corporation pendant plusieurs années et de Suez en 2007.

L'affaire Paribas a représenté un avertissement au gouvernement socialiste français ainsi qu'à tout autre gouvernement en Europe, en Amérique ou ailleurs : ne touchez pas à nos intérêts, car nous vous combattrons et nous en avons les moyens. Il y a eu des poursuites contre quelques comploteurs, dont Pierre Moussa, mais avec la puissance de l'argent de ceux qui les ont parrainés, ceux-ci ont tous été récompensés plus que convenablement pour les services rendus.

Par conséquent, il revient aux Français de juger par eux-mêmes de la valeur de la grand-croix décernée à Paul Desmarais et à Albert Frère.

La population française a voté en faveur de la nationalisation des banques. Les problèmes qui l'ont amenée à prendre cette décision se posent avec autant d'acuité sinon davantage aujourd'hui qu'en 1981. Celui que Sarkozy vient de décorer de la grand-croix de la Légion d'honneur a participé à un coup fourré visant à empêcher le gouvernement socialiste français de tenir ses promesses et de respecter la volonté populaire. Se souvient-on de ce coup fourré aujourd'hui ? Non ! Pire même, on récompense les deux personnes qui l'ont fait. Voici donc la petite histoire de l'enrichissement de Power et de la famille Desmarais en France et en Europe. Une histoire d'enrichissement qui leur permet d'acheter la plus haute distinction de la République française.

On évaluait en 1981 les avoirs de Paribas à plus de 45 milliards de dollars américains, dont environ la moitié était placée à l'étranger. Paribas-Suisse et Cobepa, les filiales de Paribas en Suisse et en Belgique, étaient les plus beaux fleurons de la banque d'affaires française. Pargesa serait contrôlée par la suite, à partir de 1990, par Parjointco, la société de portefeuille néerlandaise de Paul Desmarais et d'Albert Frère selon une entente de 25 ans allant jusqu'en 2014. En fait, c'est par l'entremise de Parjointco que les Desmarais et les Frère ont pris le contrôle du quatrième plus important pétrolier au monde, Total S.A., société mise au monde par l'État français dans les années 1920, qui a fusionné en 2000 avec l'autre pétrolier français Elf et le belge Petrofina. Total doit son existence et sa richesse à l'État français qui l'a cajolée, protégée et soutenue par tous les moyens imaginables, dont des coups d'État dans des pays producteurs. C'est également Parjointco qui contrôle Suez, l'entreprise gazière qui a pris le contrôle de Gaz de France lorsque Sarkozy l'a privatisée. Gaz de France est l'un des trois promoteurs du projet Rabaska, à Lévis, au Québec. Mais là, c'est une autre histoire.

8

Laissé sur une voie de garage
par le Canadien Pacifique

En somme, Montréal ne peut se permettre de se comporter comme d'autres villes régionales au Canada sans causer un tort énorme au bien-être de tous les Québécois. Montréal doit devenir un centre économique en soi. […] Or, il n'y a probablement aucune chance que cela se produise tant que le Québec demeurera une province du Canada. […] On peut s'attendre à ce que la question de la séparation revienne constamment au cours des prochaines années jusqu'au moment où elle sera réglée, soit lorsque le Canada aura accepté que le Québec devienne souverain ou lorsque les Québécois auront accepté le déclin de Montréal, en s'y résignant et en en acceptant les conséquences.

JANE JACOBS, *The Question of Separatism*, 1980

« Ils finiront par posséder tout le pays » (« *They'll end up owning this country* »), a déclaré Leo Soenen, analyste de Richardson Greenshields en 1983, au moment où Power Corporation, soutenue, encore une fois, par la Caisse de dépôt et de placement, a tenté de prendre le contrôle de l'entreprise qui a été élevée en symbole du Canada par les chantres d'un Canada uni *from coast to coast*, soit le Canadien Pacifique, un véritable État dans l'État canadien selon plusieurs. Le « *they* » utilisé par l'analyste ne trompe pas. C'est le même « *they* » au timbre colonial qu'on aurait pu entendre dans une villa de la vieille Salisbury, en Rhodésie (aujourd'hui Harare, au Zimbabwe), de la bouche d'une dame de la haute société désenchantée en voyant les indigènes monter en puissance (l'image de la vieille Salisbury est de Lise Bissonnette).

Quoique l'échec de la prise de contrôle d'Argus dans les années 1970 ait ralenti Paul Desmarais qui « guérissait ses blessures psychologiques », selon son biographe, cette rebuffade n'a pas entamé fondamentalement son ardeur pour réussir en affaires au Canada. Il a donc commencé à accumuler des actions du Canadien Pacifique au début des années 1980. « J'ai toujours rêvé un jour de posséder la Canadian Pacific, la ligne de chemin de fer qui relie Halifax à Vancouver », a-t-il déclaré au *Point*. Les rumeurs d'une prise de contrôle par Desmarais couraient, d'autant plus que durant l'été 1981, Power a vendu Canada Steamship Lines (CSL) à Paul Martin afin d'obtenir des liquidités et d'éviter que le gouvernement n'intervienne pour empêcher le regroupement entre les mêmes mains de deux importantes sociétés de transport, le CP et la CSL. Paul Desmarais avait pris une option d'achat sur 5,6 % des actions du Canadien Pacifique détenues par la Caisse de dépôt et de placement du Québec. En revanche, dans une rare entrevue, donnée à un journaliste anglophone du *Globe and Mail* de Toronto, il a déclaré solennellement qu'il n'avait aucune intention de prendre le contrôle de cette entreprise, la plus importante du secteur privé au Canada avec un effectif de 110 000 personnes. Il était de notoriété publique toutefois, comme l'a souligné le *Globe*, que Paul Desmarais n'achetait pas des actions d'une entreprise dont il ne pouvait prendre le contrôle. Il l'avait toujours dit, notamment dans son témoignage devant la commission mise sur pied en 1975 pour l'achat d'Argus.

La direction du Canadien Pacifique tenait jalousement à garder le contrôle de l'entreprise et à bloquer Paul Desmarais. En effet, les dirigeants étaient comme des membres d'un autre club sélect anglo-saxon qui contrôlaient cette énorme entreprise grâce à la répartition très large des actions et à certains anciens privilèges. Desmarais était perçu comme un parvenu indésirable. Pour se protéger, la direction du Canadien Pacifique a négocié un pacte de non-agression d'une durée de 10 ans. L'entente, signée en décembre 1981, établissait le seuil maximum de participation de Power Corporation dans l'actionnariat du Canadien Pacifique à 15 %, mais elle laissait une porte ouverte à l'entreprise de Desmarais: si un autre actionnaire devait dépasser le seuil de 10 % des actions du Canadien Pacifique, Paul Desmarais serait libéré de ses engagements et pourrait en acheter autant qu'il voudrait jusqu'à la prise de contrôle.

Pendant cette même période, la Caisse de dépôt était en train de modifier son approche, mais toujours dans l'esprit de la mission à deux volets qui l'avait vu naître en 1965: obtenir un bon rendement et soutenir le dynamisme de l'économie québécoise. En effet, en 1980, la Caisse investissait très peu dans des entreprises, son soutien à l'économie québécoise se faisant principalement au moyen d'obligations. Le changement d'approche consistait à s'éloigner du rôle de banquier en augmentant ses investissements, d'abord dans les entreprises québécoises, les aidant ainsi à obtenir des banques le financement nécessaire pour prendre de l'expansion, mais aussi dans des entreprises actives au Québec et au Canada qui donnaient un bon rendement. Selon l'ancien vice-président de la Caisse, Carmand Normand, l'objectif de la Caisse à cette époque était de faire passer le niveau d'actions dans leur portefeuille de 10 % à 30 %. Notons qu'en 2008, ce n'est pas moins de 50 % du portefeuille de la Caisse qui est en actions. Il va sans dire que l'*establishment* canadien et le Parti libéral du Canada soupçonnaient toujours le pire quand ils voyaient les institutions québécoises ou le gouvernement du Québec prendre en main leur destin économique. À titre d'exemple, quand l'entreprise pétrolière Dome de Calgary s'est trouvée aux prises avec de graves problèmes financiers, Marc Lalonde, ministre des Finances dans le gouvernement Trudeau, a ordonné au président du conseil d'administration de Dome, Jack Gallagher, de refuser toute aide offerte par la Caisse de dépôt et de placement sous peine de voir Ottawa se retirer complètement du plan de sauvetage financier de Dome.

Comme la Caisse n'avait pas encore commencé à investir aux États-Unis ou ailleurs, il était dans l'ordre des choses qu'elle investisse dans la plus importante entreprise canadienne, le Canadien Pacifique. Contrairement aux pratiques adoptées par la Caisse depuis l'arrivée au pouvoir de Jean Charest en 2003 et sous la direction de Henri-Paul Rousseau, la Caisse croyait fermement, au début des années 1980, que si l'économie du Québec roulait bien, les déposants à la Caisse seraient plus en mesure d'y déposer et tout le monde en sortirait gagnant. Bref, les deux volets de la mission – rendement et développement économique – se complétaient merveilleusement. Il faut dire que le Québec était bien mené à ce moment-là, avec Jacques Parizeau au ministère des Finances et Jean Campeau à la présidence de la Caisse.

Dans cet esprit, la Caisse a choisi d'investir dans cette grande entreprise canadienne qui avait vu le jour à Montréal et dont le siège social se trouvait dans l'immeuble historique de la gare Windsor. Le Canadien Pacifique était « un très bon placement », selon un ancien haut fonctionnaire de la Caisse. Quand les dirigeants de la Caisse ont demandé à Paul Desmarais pourquoi il achetait autant d'actions du Canadien Pacifique, il leur a dit clairement qu'il voulait en prendre le contrôle, rien de moins. L'actionnariat du Canadien Pacifique étant particulièrement dispersé, Paul Desmarais aurait pu prendre le contrôle du Canadien Pacifique avec bien moins de 50 % des actions. Par ailleurs, il s'est même renseigné auprès du ministre Guy Joron dans le gouvernement Lévesque pour voir s'il pouvait y avoir convergence entre ses intérêts et ceux du gouvernement du Québec. De plus, il a rencontré René Lévesque à ce sujet en décembre 1981.

Voyant la prise de contrôle du Canadien Pacifique par Desmarais d'un bon œil, la Caisse lui a assuré dans une entente verbale qu'elle serait prête à vendre ses actions à Power Corporation si le prix était bon. « Power Corporation était une grande entreprise bien menée. On voulait que ça marche, rappelle un ancien haut fonctionnaire de la Caisse. Et si Power avait pris le contrôle, le Canadien Pacifique aurait fait bien mieux qu'il n'a fait depuis 1983. » Une telle prise de contrôle s'inscrivait d'ailleurs parfaitement dans la mission de la Caisse, d'autant plus que depuis l'élection du Parti québécois en 1976, la direction très anglophone du Canadien Pacifique avait commencé à déménager de plus en plus d'activités de l'entreprise à l'extérieur du Québec. Mais jamais la Caisse de dépôt n'a envisagé d'en prendre le contrôle. Elle n'a acheté qu'environ 10 % des actions avec droit de vote, ce qui représentait très peu pour la Caisse en comparaison de l'ensemble de ses actifs.

Notons que les banquiers anglo-canadiens accueillaient généralement les investissements de la Caisse de dépôt avec une certaine bienveillance, sachant très bien qu'une loi l'empêchait de dépasser le seuil de 10 % des actions d'une banque. La même bienveillance n'était pas du tout au rendez-vous dans le cas du symbole de l'unité canadienne qu'était le Canadien Pacifique ni dans le monde des affaires ou dans le monde politique canadiens. La présence de la Caisse les dérangeait terriblement.

Autre pièce du casse-tête : l'entreprise de pâtes et papiers Domtar. En effet, la Caisse de dépôt, soutenue par le gouvernement Lévesque, avait décidé de prendre le contrôle de Domtar. La Caisse et le gouvernement du Québec avaient pris cette décision dans la foulée d'un changement de garde à la tête de cette entreprise. En effet, le candidat au poste de président du conseil d'administration de Domtar, James Smith, s'était engagé à ne plus investir au Québec à cause des orientations politiques du gouvernement de René Lévesque depuis son élection en 1976. Ayant eu vent de cet engagement puisqu'elle avait un représentant au sein du conseil de Domtar, la Caisse a décidé d'empêcher cette dernière d'agir de la sorte en en prenant le contrôle. Toutefois, à mesure que la Caisse achetait les actions de Domtar, celles-ci prenaient tellement de valeur qu'il devenait difficile pour la Caisse d'en avoir le contrôle. C'est là qu'il y a eu une entente entre les dirigeants de Power Corporation et ceux de la Caisse. Une rencontre en août 1981 réunissant Paul Desmarais, Yves Pratte (père d'André Pratte) de Power, d'une part, et Jean Campeau, président de la Caisse, et Jacques Parizeau, ministre des Finances du Québec, d'autre part, a permis de s'entendre de sorte que la Caisse obtiendrait de Power, au prix du marché, les actions de Domtar dont elle avait besoin et Power pourrait obtenir, également au prix du marché, les actions du CP détenues par la caisse.

C'est ici que le scénario d'Argus, qui avait blessé psychologiquement Paul Desmarais, a commencé à se répéter. L'*establishment* canadien, y compris le cercle fermé des milieux d'affaires anglais de Montréal, qui ont assisté sereinement au déclin de Montréal au profit de Toronto en l'aidant, tantôt sournoisement, tantôt ouvertement, ne pouvait tolérer que le Canadien Pacifique passe sous contrôle de dirigeants québécois de langue française, même si Power Corporation et son PDG étaient archi-fidèles au Canada. Le Canadien Pacifique était une entreprise montréalaise depuis toujours, mais montréalaise et anglaise. Pour s'en souvenir, on n'a qu'à relire *Les Nègres blancs d'Amérique* de Pierre Vallières, dont le père travaillait aux Shops Angus dans l'Est de Montréal. Ian Sinclair, chef de la direction du Canadien Pacifique, avec l'appui d'autres dirigeants, a ainsi mis en branle une importante opération de lobby auprès du cabinet fédéral. En effet, pendant toute l'année 1982, il y a eu une avalanche de lettres et d'interventions de l'*establishment* canadien qui s'opposait à la fois à la Caisse de dépôt et à Power Corporation et à son patron Paul Desmarais. Parmi celles-ci, signalons la démarche du président de la Bourse de Toronto, Pearce Bunting, auprès des autres bourses au Canada en faveur d'une action du gouvernement fédéral pour barrer la route à Paul Desmarais ; celle du président du conseil du Canadien Pacifique, Frederick Burbidge, qui a demandé à Pierre Trudeau d'empêcher Paul Desmarais de prendre le contrôle du Canadien Pacifique ; et celle de la Chambre de commerce du Canada. Mais la plus saisissante démarche a été celle de la Commission des valeurs mobilières de l'Ontario, qui a tenté d'interdire, en permanence, à la Caisse de faire des transactions en Ontario.

Voyant que la Caisse s'approchait, avec 9,8 % des actions du CP, du fatidique seuil de 10 % qui libérerait Paul Desmarais de son engagement de ne pas dépasser le niveau de 15 % des actions du CP, le gouvernement Trudeau a déposé à la sauvette au Sénat, le 2 novembre 1982, un projet de loi conçu comme une flèche empoisonnée à deux pointes dirigée contre les serpents jumeaux qui menaçaient d'entortiller ce symbole canadien. Rédigé avec une connaissance minutieuse du pacte de non-agression qui liait le Canadien Pacifique et Power Corporation, le projet de loi S-31 aurait empêché rétroactivement un fonds provincial ou toute ramification d'une province de détenir plus de 10 % des actions dans une entreprise de transport à vocation nationale. Le projet de loi a été déposé au Sénat, ce qui explique le « S » devant le 31 à la place de l'habituel « C » pour Chambre des communes, car le parrain du projet de loi, André Ouellet, craignait une levée de boucliers à la Chambre. Ainsi, une pointe de flèche pour geler l'achat d'actions par la Caisse en deçà de 10 % et l'autre pour bloquer Paul Desmarais, qui, par son entente avec le Canadien Pacifique, devait ainsi rester en deçà du seuil de 15 % des actions du CP. Encore une fois, malgré les très nombreux appuis de Paul Desmarais au sein du cabinet de Pierre Trudeau et sa fidélité inébranlable au Canada, le gouvernement fédéral n'avait d'yeux et d'oreilles que pour l'*establishment* canadien-anglais et ses antennes à Montréal. En 1975, c'était une commission royale d'enquête faite sur mesure pour bloquer Desmarais; en 1983, ça allait être une loi fédérale faite également sur mesure. Même ses amis de la Banque Royale n'étaient d'aucun secours: tout en étant d'accord pour permettre à Desmarais d'être le gros poisson dans le petit étang québécois, ils n'allaient toutefois pas l'aider à prendre le contrôle du Canadien Pacifique.

En quoi la prise de contrôle par Desmarais avec l'appui de la Caisse pouvait-elle nuire au Canadien Pacifique et à son rôle au Canada? Allaient-ils, comme pour d'autres prises de contrôle, déménager le siège social à l'extérieur du Canada? Non. Allaient-ils arrêter de desservir l'Ouest canadien? Non. Allaient-ils imposer le français à tous les employés du Canadien Pacifique? Non. Risquaient-ils la faillite? Jamais. Paul Desmarais pouvait même prétendre bien connaître le domaine des transports parce que son empire avait englobé depuis ses débuts en affaires des entreprises de transport par autobus et de transport maritime (Canada Steamship Lines jusqu'en 1981). Et son allié, la Caisse, avait tout intérêt à voir prospérer le Canadien Pacifique. «On était obsédé par le rendement, dit un ancien dirigeant de la Caisse, et les entreprises de Desmarais étaient bien menées.»

Le monde des affaires du Québec s'est opposé en bloc à l'action d'Ottawa. La rue Saint-Jacques s'est ralliée derrière la Caisse. Plusieurs dirigeants d'entreprises québécoises, dont le président de feue la Bourse de Montréal, Pierre Lortie, se sont opposés publiquement à S-31. Fait inusité, le ministre des Finances Jacques Parizeau s'est rendu aux audiences sénatoriales sur le projet de loi le samedi 19 novembre accompagné de tous les présidents des sociétés d'État du Québec. Lors d'une présentation magistrale que 72 des 74 députés du gouvernement de Pierre Trudeau ont boycottée, Jacques Parizeau démontrait que le projet de loi S-31 représentait une menace contre 20 ans d'efforts déployés par l'État québécois pour développer l'économie québécoise et que le gouvernement Trudeau ne faisait que protéger «l'establishment anglophone traditionnel» de Montréal, «la garde descendante». Il a démontré le ridicule du projet de loi qui aurait fait en sorte que la Caisse pourrait investir massivement dans des entreprises aux États-Unis, comme Amtrak, mais pas dans des entreprises au Canada, comme le Canadien Pacifique.

En bout de ligne, quoiqu'il ait été conçu comme une flèche à deux pointes empoisonnées, le projet de loi S-31 n'aurait jamais été qu'une arme d'intimidation. Le vrai tournant dans cette saga a eu lieu au début de mai 1983. En somme, Paul Desmarais a eu la frousse et s'est retourné contre la Caisse de dépôt et de placement, qui l'avait soutenu jusque-là. En dénonçant par peur la seule entité qui pouvait l'aider à réaliser son rêve d'enfance, soit de «posséder le Canadian Pacific», Paul Desmarais a totalement raté son coup!

Le 4 mai, le Canadien Pacifique a tenu son assemblée générale annuelle à Montréal. La Caisse, qui possédait environ 10% des actions, avait demandé au Canadien Pacifique de respecter le principe démocratique en lui accordant au moins un siège au sein du conseil d'administration. Le Canadien Pacifique avait respecté ce principe en accordant deux des 22 fauteuils au sein de son conseil à Power Corporation alors que celle-ci n'en détenait directement que 4,4% des actions. L'entreprise de Paul Desmarais comptait aussi sur une participation indirecte de 6,7% grâce à ses filiales. Or, le Canadien Pacifique a refusé d'accorder à la Caisse les sièges demandés. L'objectif consistait à dresser un mur entre Paul Desmarais et la Caisse. Pour exprimer son désaccord quant à l'attitude du Canadien Pacifique à l'égard de son principal actionnaire, le premier vice-président de la Caisse, Carmand Normand, s'est abstenu de voter lors de l'assemblée. «Nous avons protesté contre le refus d'accorder un siège, mais aussi pour s'opposer au contenu politique du discours du président du conseil Frederick Burbidge lors de l'assemblée des actionnaires», a précisé Carmand Normand.

En effet, le président du conseil d'administration Frederick Burbidge a déclaré qu'il était «absolument déterminé» à bloquer «toute tentative par Québec de nationaliser le Canadien Pacifique par la porte arrière. [...] Qu'est-ce qui va arriver au secteur privé dans cinq ou dix ans», a-t-il demandé? Il fallait absolument empêcher «la provincialisation d'une entreprise nationale par un gouvernement voué au séparatisme.» Notons que cette assemblée des actionnaires à Montréal s'est déroulée entièrement en anglais, exception faite de l'intervention du premier vice-président de la Caisse, Carmand Normand.

Les gros mots des uns ajoutés à la douceur des autres ont eu l'effet voulu. Ian Sinclair du Canadien Pacifique a décrit sa stratégie par rapport à Paul Desmarais comme suit: « Il existe des moyens de travailler pour quelqu'un sans l'aider du tout, et même pour lui nuire. » Paul Desmarais n'a pas pris de temps pour tourner le dos à ses partenaires de naguère, et il l'a fait là où il a pensé pouvoir gagner des appuis, dans le *Globe and Mail* de Toronto. Même s'il avait déjà pris ses distances avec la Caisse en novembre 1982, Paul Desmarais a asséné le coup de grâce au lendemain des déclarations politiques du président du conseil du Canadien Pacifique: « Ils [la Caisse] sont en train de nationaliser des compagnies par la porte arrière. La Caisse représente l'État. […] La Caisse ne devrait pas faire des investissements à long terme. Elle ne devrait faire que des investissements à court terme, pour obtenir le meilleur rendement. » On verra plus loin qu'il est le premier à contrevenir à cette idée dès lors que ses propres intérêts l'exigent.

Du coup, l'alliance tacite avec la Caisse ne tenait plus, ce qui aurait permis à Paul Desmarais de se libérer de l'engagement de ne pas dépasser le seuil de 15 % des actions du Canadien Pacifique. Ayant lâché la proie pour l'ombre, il ne lui restait que l'ombre ou « l'attitude conciliante », pour reprendre les mots de Frédéric Wagnière, chroniqueur économique de *La Presse*. L'attitude conciliante consistait à se servir de son charme auprès des dirigeants du Canadien Pacifique pour les convaincre de le laisser augmenter sa participation au-delà de la limite de 15 %. Or, fidèles à la tradition qui a mis le Canadien Pacifique au monde, ses dirigeants ne voulaient pas plus de Paul Desmarais qu'ils ne voulaient de la Caisse. « Paul Desmarais se pensait plus fin, rappelle un fonctionnaire de la Caisse. Avec nous, il aurait gagné. Ça aurait été une prise de contrôle hostile, mais il l'aurait gagnée. Il ne le dirait jamais. Ça aurait été une confrontation, mais il l'a fait avec la Great-West Life, avec Investors, c'était hostile. » Devant le choix entre l'approche collective avec la Caisse de dépôt et de placement du Québec et le rôle d'éternel minoritaire prospère que lui réservait le système économique canadien, Paul Desmarais a opté pour le second, à ses dépens et à ceux du Québec. Sa peur de la colère des bonzes anglo-canadiens l'a emporté sur l'audace.

Le dénouement: Paul Desmarais s'est finalement rendu compte qu'il ne pouvait prendre le contrôle sans livrer une bataille rangée et il a vendu ses actions dans le Canadien Pacifique en 1984. Ian Sinclair du Canadien Pacifique, qui était au cœur de la cabale, a fait la méprisante déclaration à la journaliste Diane Francis que «si Paul Desmarais avait acquis le Canadien Pacifique, il n'aurait su qu'en faire ensuite.» Pour les bons services à la nation, Ian Sinclair a été nommé au Sénat en décembre 1983 par le bon ami de Paul Desmarais, Pierre Trudeau. Notons que, comme prix de consolation, Pierre Trudeau, qui hivernait chez les Desmarais en Floride, a permis à Paul Desmarais d'être le commis messager et d'informer Ian Sinclair de sa nomination au Sénat.

Dans toute cette histoire, rappelle Carmand Normand, les médias ont relativement bien rapporté l'affaire sauf en ce qui concerne la supposée volonté de la Caisse de prendre des positions dominantes au Canada. Les interventions de la Caisse faisaient seulement partie de sa volonté d'augmenter la proportion d'actions dans l'ensemble de son portefeuille. Il est particulièrement intéressant de relire les journaux de l'époque de S-31 et de constater à quel point *La Presse* est montée au créneau, y compris le chroniqueur Alain Dubuc, contre Ottawa. À défaut de défendre les intérêts du Québec, il fallait tout de même défendre les intérêts du patron.

Plus important encore que la petite histoire, c'est le dénouement pour le Canadien Pacifique à Montréal, et pour les activités ferroviaires au Québec. Alors que Montréal avait été depuis toujours la plaque tournante du transport ferroviaire au Canada, tout comme elle l'avait été pour le transport aérien, ce refus en bloc par l'*establishment* anglo-canadien de permettre à des entreprises québécoises de prendre le contrôle du Canadien Pacifique ouvrait la porte au déménagement du siège du Canadien Pacifique à Calgary et à l'arrêt complet en 1992 des activités aux historiques ateliers Angus. En ce sens, on peut comparer cette saga du Canadien Pacifique à la décision par le gouvernement du Canada d'établir le nouvel aéroport international à Mirabel et non pas à un endroit au sud-est de Montréal comme le recommandaient à l'unisson le gouvernement du Québec et la Ville de Montréal.

En 1983, Andrew Sancton, professeur de science politique à l'Université Western et spécialiste de la politique municipale, a écrit :

> « Quand Ottawa a choisi Mirabel, c'était probablement la décision la plus importante sur le développement physique de Montréal depuis 1945, tous paliers de gouvernement confondus. La décision a été prise contre la volonté exprimée du gouvernement du Québec, qui voulait mettre l'aéroport au sud-est de Montréal. [...] En choisissant Mirabel, le gouvernement fédéral a décidé tout seul que le nouveau développement industriel serait concentré sur la partie nord du Montréal métropolitain et que les investissements futurs sur la construction de routes et de transport en commun des futurs gouvernements provinciaux se feraient dans cette région. »

Ottawa voulait favoriser le corridor Montréal-Ottawa aux dépens du triangle économique québécois formé par les villes de Montréal, de Sherbrooke et de Québec. On connaît l'aboutissement de cette décision, suivie de celle prise conjointement par Air Canada et le gouvernement du Canada au début des années 1980 de faire de Toronto la plaque tournante du transport aérien à la place de Montréal. Notons, par ailleurs, que la levée de boucliers autour du projet de loi S-31 et du Canadien Pacifique se faisait sur une trame de fonds caractérisée par un débat orageux au sujet de l'avenir de Québecair, aujourd'hui disparu, et du départ en douce d'Air Canada de Montréal vers Toronto.

Les moyens de transport sont au développement économique d'un pays ce que les artères et les veines sont à la santé et au développement physique du corps. Les quatre principales artères sont les transports aérien, ferroviaire, maritime et routier. Or, en ce début des années 1980, un front commun du gouvernement du Canada et de l'*establishment*

canadien a soutiré au Québec une partie importante de la
maîtrise de deux de ces artères, les transports ferroviaire et
aérien. On ne peut que se perdre en conjectures si on songe à
ce qui aurait pu se passer si Power, alliée à la Caisse de dépôt
et de placement, avait pris le contrôle du Canadien Pacifique.
Il y a de fortes chances que le Québec serait mieux placé qu'il
ne l'est aujourd'hui, côté transport ferroviaire.

Cette deuxième rebuffade et la cabale à Ottawa ont-elles
refroidi l'ardeur canadienne de Paul Desmarais? L'ont-elles
convaincu de mettre son énergie et ses ressources au service
du Québec? Non, bien au contraire: peu après, sauf pour
ses journaux, il s'est désintéressé du Québec qui ne serait
plus qu'une sorte de domaine du roi qu'il faut garder sous
surveillance. Sur le plan économique, le Québec n'allait plus
bénéficier des milliards des Desmarais que sous forme de
l'effet du ruissellement ou *trickle down*: l'idée selon laquelle
plus les riches s'enrichissent, plus le peuple peut espérer tirer
quelques gouttes du ruissellement de leur fortune.

9

Sociétés d'État à votre service : la Financière Power, Asia Power Group

Mais aujourd'hui, avec Jean Chrétien et Daniel Johnson, le NON, c'est l'État Desmarais. Desmarais, qui n'a pas investi un seul million au Québec depuis 10 ans. Desmarais, qui fait fortune ici, mais qui a utilisé ses profits réalisés au Québec pour investir massivement à l'étranger.

JACQUES PARIZEAU, septembre 1995

« La Caisse [de dépôt et de placement du Québec] ne devrait pas faire des investissements à long terme. Elle ne devrait faire que des investissements à court terme, pour obtenir le meilleur rendement. » Voilà une injonction prononcée par un Paul Desmarais lorsqu'il a été pris par la peur, injonction à laquelle il serait le premier à contrevenir. C'était le 5 mai 1983 et le tout Canada politique et économique s'organisait pour empêcher le grand fonds d'investissement des Québécois d'acheter plus de 10 % des actions de la vache sacrée de l'économie canadienne, le Canadien Pacifique. Drôle n'est-ce pas que, un an plus tard, dans une pirouette qui ferait l'envie d'un acrobate du Cirque du Soleil, le patron de Power Corporation a approché la Caisse de dépôt et de placement pour que celle-ci lui apporte son soutien à long terme dans la création d'une filiale financière qui s'appellerait la Corporation Financière Power. Bon joueur malgré le camouflet de l'année précédente, la Caisse a acquiescé à la demande de Paul Desmarais en investissant pas moins de 130 millions de dollars pour obtenir 6 millions d'actions ordinaires, 15 % du total.

En créant la Financière Power, Power Corporation avait comme objectif de mettre toutes les filiales et sociétés contrôlées à caractère financier sous le même toit d'une grande filiale financière, l'idée étant que les sociétés de portefeuille engagées dans des activités très diverses ne marchaient plus très bien. Lors de sa création, la Financière Power ne devait être qu'une filiale parmi d'autres. Power voulait devenir une société de portefeuille de sociétés de portefeuille à l'image d'une maison sur pilotis où chaque pilotis représentait une sphère d'activité : finance, technologie, communications et autres. Dans les faits, le seul pilotis de la maison Power qui serait solide est la Financière Power, notamment parce que celle-ci a englobé dès le début les vaches à lait de Power Corporation, l'assureur de la Great-West, le Groupe Investors et Pargesa en Europe.

Le rôle que la Caisse devait jouer pour Power Corporation était simple : Paul Desmarais avait besoin d'un important investisseur public pour lancer sa filiale financière. Selon un ancien dirigeant de la Caisse, «on a été l'un des éléments qui lui a permis de le faire. La Caisse est réputée pour avoir de bons analystes, ça ouvre des portes et crée un effet d'entraînement. Sinon, il aurait fallu aller voir un autre gros investisseur aux États-Unis, entre autres, parce que Paul Desmarais n'était pas très populaire à Toronto. Et aux États-Unis, il aurait eu plus de difficulté parce que là-bas, on est dans un autre monde. Or, lui, il aime être le patron. Donc, la Caisse était la solution idéale pour lui et il était très content. C'était aussi un bon investissement pour nous à la Caisse.»

Faisant fi de l'injonction passée du patron de Power, la Caisse a ainsi investi beaucoup d'argent à long terme pour permettre à Power Corporation de lancer sa très importante filiale financière. Depuis avril 1984, bon an mal an, la Caisse a non seulement maintenu cet investissement à long terme, mais elle l'a fait passer parfois à plus de 370 millions de dollars. Et au 31 décembre 2007, la Caisse détenait des actions de la Financière Power d'une valeur de près de 213 millions de dollars.

S'il fallait se fier à ce que Paul Desmarais fait et non pas à ce qu'il dit, la mission de la Caisse de dépôt et de placement du Québec serait donc de recevoir les sommes des déposants québécois et de les investir selon ses caprices et intérêts de manière à faire fructifier ses investissements à lui.

Power Corporation aurait souhaité donner un rôle similaire à Hydro-Québec et à son ancien vis-à-vis ontarien, la Ontario Hydro, aujourd'hui démantelée. L'histoire a vraisemblablement commencé autour d'un dîner d'affaires réunissant en 1993 Paul Desmarais, le PDG d'Hydro-Québec, Richard Drouin, et le PDG d'Ontario Hydro, Maurice Strong. Ce dernier, qui avait préparé le terrain chez Power Corporation dans les années 1960 avant que Paul Desmarais n'en prenne le contrôle, a dirigé les destinées d'Ontario Hydro de 1992 à 1995, pavant la voie à son démantèlement. Dans un effort de rapprochement, les conseils d'administration d'Hydro-Québec et d'Ontario Hydro ont tenu une réunion conjointe au siège social d'Hydro-Québec, boulevard René-Lévesque. L'occasion était belle pour interrompre la réunion vers midi pour que les deux PDG rencontrent le patron de Power Corporation autour d'un bon repas.

«Paul Desmarais est très bon pour ouvrir un dossier, très convaincant, et il veut les fermer par une simple poignée de main», observe un homme d'affaires qui a souvent eu des relations d'affaires avec lui. Il a dû être très convaincant ce jour de 1993, car le 6 octobre, à Beijing, Paul Desmarais et Maurice Strong ont annoncé la création du consortium Asia Power Group inc., réunissant un fonds de départ de 100 millions de dollars partagé également par Hydro-Québec, Ontario Hydro et Power Asia Assets Corp, filiale de Power Corporation. Donc, une contribution de 66 millions de dollars des deux sociétés d'État canadiennes faite par leurs filiales respectives, Hydro-Québec International et Ontario Hydro International. À ce moment-là, l'objectif déclaré de Power Corporation était de trouver des occasions d'investissement stable – le Québec était exclu, disaient les porte-parole de Power, à cause de ses terribles débats constitutionnels – et d'obtenir un rendement sur l'investissement de l'ordre de 15 % ou plus par année. Hydro-Québec possédait une expertise inégalée en centrales hydroélectriques, Ontario Hydro connaissait bien la production d'électricité à partir du nucléaire et des hydrocarbures et Maurice Strong avait des contacts politiques en haut lieu en Chine, comme ailleurs dans le monde. Selon Maurice Strong, le consortium pouvait sûrement compter sur un rendement de l'ordre de 20 %, « beaucoup plus que ce à quoi on peut s'attendre chez nous ». Grâce à l'aide financière et à la crédibilité de deux sociétés d'État canadiennes, Power Corporation s'est donc mise en position pour profiter au maximum de la croissance vertigineuse de la demande d'électricité dans une Chine dont l'industrie se développait plus rapidement que partout au monde.

Non satisfait de simplement récolter les profits, le nouveau consortium a tenu à éviter de payer les taxes et les impôts au Canada. Dans l'année qui a suivi sa création, le Asia Power Group a déménagé ses pénates sous des cieux plus cléments... des Bermudes, à des fins fiscales, selon un document interne cité par le *National Post*. Mais les filiales internationales d'Ontario Hydro et d'Hydro-Québec ne pouvaient profiter de la manne de cet abri fiscal offert par les Bermudes, car elles étaient des sociétés d'État. En revanche, la filiale de Power Corporation pouvait en profiter ! Convaincant, Paul Desmarais a dû l'être doublement. Deux des plus importantes sociétés d'État au Canada se joignent à lui pour lui ouvrir des portes en Chine et s'installent ensuite aux Bermudes, où lui seul pouvait profiter des avantages fiscaux. Les profits déclarés aux Bermudes ne sont imposables que s'ils sont rapatriés au Canada.

Pour Hydro-Québec et Ontario Hydro, l'aventure n'a duré qu'un peu plus de deux ans. Les trois entreprises ont annoncé en février 1996 qu'elles mettaient fin au consortium Asia Power Group, mais que la filiale de Power Corporation poursuivrait ses activités dans les projets d'énergie en Chine. La participation d'Ontario Hydro a été très critiquée dans les médias de Toronto, alors que celle d'Hydro-Québec l'a été aussi, mais moins. Faut-il penser que le relatif silence au Québec s'expliquait entre autres par la présence au sein de l'Asia Power Group de Power Corporation du propriétaire d'une partie importante des médias écrits québécois ? Maurice Strong a quitté Ontario Hydro en 1995, ce qui a enlevé l'un des attraits de la présence d'Ontario Hydro, et tout porte à croire que les rendements mirobolants de 20 % n'étaient pas au rendez-vous.

Si l'aventure s'est soldée par un échec ou un match nul pour les sociétés d'État Hydro-Québec et Ontario Hydro, les services rendus ont permis à Power Corporation de poursuivre ses objectifs de pénétrer le marché chinois et à ses dirigeants d'être «reçus comme des chefs d'État», pour reprendre les paroles de Paul Desmarais lui-même.

10

La poule aux œufs d'or : la Consolidated-Bathurst

Chaque marigot a son crocodile.
Monsieur crocodile a toujours faim.

Proverbe

Avril 1982 : ouverture d'un sommet économique, la situation économique est grave, très grave. Le secteur public était très mobilisé, et au moins un syndicaliste de la CSN a dépassé les bornes dans les manifestations en traitant René Lévesque de « boucher de New-Carlisle ». Au moment où il se faisait affubler de cette insulte suprême l'assimilant au boucher nazi de Lyon, Klaus Barbie, alors en procès en France, l'ancien premier ministre du Québec était dans les faits en train de diriger une partie du budget québécois vers la relance de l'économie québécoise et notamment de l'industrie des pâtes et papiers, dont, en première ligne, la Consolidated-Bathurst, propriété de Power Corporation. Avec le recul, on peut dire que rarement l'adage *Le malheur des uns fait le bonheur des autres* n'a eu autant de pertinence.

Laissons à René Lévesque le soin de décrire la situation économique dans les années 1982-1983 :

> « Les experts des Finances et du Trésor ont mis au point un impitoyable constat étayé de statistiques à travers lesquelles on perçoit l'angoissante ampleur de la dégringolade. On aura bientôt perdu 200 000 emplois,

soit tout l'acquis des années fastes. Faillites et fermetures accélèrent leur ronde infernale. À l'exception des mieux nantis, est-il encore dans tout le secteur privé une seule famille qui ne soit plongée dans une insécurité sans précédent ? »

Fort de ce constat et malgré l'inaction et le désintéressement d'Ottawa, même si le gouvernement fédéral, grâce à la banque centrale, aurait pu alléger la crise économique en réduisant ses taux d'intérêt, le gouvernement Lévesque a mis en œuvre un plan de compressions budgétaires dans le secteur public qui lui a attiré de fortes contestations, surtout au sein de son propre électorat, sans parler des insultes innommables. De plus, il a mis en branle un programme visant à rétablir l'équilibre budgétaire. Mais surtout, il a lancé une batterie de programmes de relance économique et a poursuivi des programmes existants en les enrichissant et en les améliorant, ce qui était le cas de l'industrie des pâtes et papiers. Et de toutes les entreprises de pâtes et papiers québécoises, c'est la Consolidated-Bathurst qui a profité le plus du vaste programme de modernisation des équipements québécois lancé en 1979 et renforcé pendant la crise de 1982-1983. La Consolidated-Bathurst que, dans la plus importante transaction de l'histoire du Canada, Paul Desmarais vendrait à une société américaine en 1989 pour la mirobolante somme de 2,6 milliards de dollars. Mais non sans avoir d'abord obtenu du Québec la garantie de l'approvisionnement en bois pour 25 ans ni sans avoir refusé de participer à la création d'un géant québécois de l'industrie par la fusion de la Consol avec la Domtar, entreprise contrôlée par la Caisse de dépôt et de placement.

La Consolidated Paper, fondée en 1931, a acquis le contrôle de la Bathurst Paper en 1966 pour former, sous les auspices de Power Corporation, la nouvelle entreprise de pâtes et papiers qui, dans les années 1970, figurait au troisième rang des entreprises de pâtes et papiers au Canada. D'une participation déterminante de 15,6 % des actions de la Consolidated-Bathurst lorsque Paul Desmarais en a pris le contrôle en 1968, Power Corporation a fait passer sa participation progressivement à 40 %, d'abord en 1970, quand elle a voulu en prendre le contrôle absolu, et ensuite dans quelques opérations réalisées pendant les années 1970. Lors de la création de la Consolidated-Bathurst en 1966, l'entreprise était un chef de file du célèbre trust de la forêt jouissant d'énormes concessions forestières. Au Québec seulement, la nouvelle entreprise fusionnée pouvait compter sur des concessions forestières d'une superficie de 19 974 milles carrés ainsi que sur d'autres concessions détenues à perpétuité ayant une superficie de 3 650 milles carrés, dont toute l'île d'Anticosti ! De plus, l'entreprise fusionnée détenait 15 850 milles carrés de forêts domaniales cédées par les provinces, ainsi que des concessions importantes au Nouveau-Brunswick et en Ontario par le truchement de filiales. En tout, cela lui donnait des concessions à exploiter d'une superficie supérieure à 42 000 milles carrés ou près de 110 000 kilomètres carrés. Pour en saisir l'envergure, cela fait plus de trois fois la super-ficie de la Belgique qui est de 30 528 kilomètres carrés, pays du grand ami européen de Paul Desmarais, Albert Frère, ou un cinquième de la superficie de la France !

Ce régime de pillage forestier, qui, pendant des décennies, a fait les beaux jours des grandes entreprises de pâtes et papiers contrôlées par des intérêts anglo-américains qui dominaient, a été vivement critiqué tout au long de son histoire. Premiers au créneau figuraient les coopératives forestières, les petits exploitants, les municipalités régionales, les syndicats, certains partis politiques et même parfois l'Église. Avec le recul, on s'aperçoit que les contestataires de l'époque opposaient au pillage, à la coupe à blanc et à la politique de la « terre brûlée » pratiquée par les grandes entreprises de pâtes et papiers un développement durable avant l'heure, un développement qui permettrait non pas de « subvenir aux besoins des grandes compagnies », comme l'a écrit en 1963 l'abbé Villeneuve de la paroisse Notre-Dame-du-Rosaire au Saguenay, mais qui permettrait un « développement de la forêt intégré pour la population ». Par ailleurs, à chaque rendez-vous électoral ou presque, et notamment lors de la campagne électorale de 1962 où le slogan « Maîtres chez nous » résonnait partout, on réclamait des changements profonds, lesquels ne venaient qu'au compte-gouttes vu le pouvoir politique et le chantage économique des dirigeants des entreprises de pâtes et papiers. La forêt, qui est ou devrait être du domaine public, a été honteusement exploitée, davantage même que l'eau pour l'hydroélectricité, afin de permettre à une poignée d'entreprises et de gens de s'enrichir pendant plus d'un siècle. Dont la Consolidated-Bathurst. Quand on explique l'origine de la richesse de Power Corporation et de son patron, on se doit donc de tenir compte de cette richesse patrimoniale dont ils ont hérité en prenant le contrôle de Power Corporation. Encore une fois, il ne s'agit pas là du fruit du travail d'un entrepreneur créatif ni d'un travailleur acharné, mais du fruit provenant de ressources publiques. Sans parler encore de l'apport énorme des travailleurs et des travailleuses et de l'aide incessante de l'État. Mais ce n'est pas tout !

Aux prises avec de graves problèmes financiers en 1970, provoqués notamment par un programme d'expansion trop ambitieux et une conjoncture nettement défavorable pour l'industrie, la Consolidated-Bathurst s'est vu imposer un président, W.I.M. Turner, jusque-là président de Power Corporation. Sa tâche consistait à se départir de certaines divisions et à restructurer les emprunts bancaires pour remettre l'entreprise sur les rails. Entre 1970 et 1975, la Consolidated-Bathurst a réussi à rétablir son niveau de bénéfices. Mais dans ce retour à la rentabilité, deux événements méritent d'être mentionnés. D'abord, en 1974, des négociations autour de la prise de contrôle de la société papetière Price, dopées par une certaine surenchère, ont permis à Power Corporation, même si elle a dû se retirer à la dernière minute au profit de l'entreprise de pâtes et papiers Abitibi, d'empocher 24,2 millions de dollars.

Mais surtout, la Consolidated-Bathurst, ou plus exactement Paul Desmarais, a vendu l'île d'Anticosti au gouvernement du Québec pour la somme de 23,8 millions de dollars alors que la valeur comptable de l'île, selon les livres de la Consol elle-même, était de 4,9 millions. Une belle surenchère ! Selon le rapport annuel de la Consolidated-Bathurst, l'entreprise a obtenu un « gain net provenant de l'expropriation de l'île d'Anticosti pour la province de Québec » de 18 484 000 dollars. Lors de cette expropriation de velours, le gouvernement Bourassa n'a heureusement pas acquiescé à la demande de l'ami Paul Desmarais de conserver ses privilèges de pêche sur la formidable rivière à saumon, la Jupiter. L'île d'Anticosti avait approvisionné la Consol en bois et l'a enrichie pendant des décennies alors que l'entreprise n'y investissait que le strict minimum. Mais on apprécie l'envergure de cette injection de fonds provenant de la vente de l'île d'Anticosti en la comparant à la moyenne du revenu d'exploitation net de la Consol de 1966 à 1975, soit la période pendant laquelle Power était associée à cette entreprise de pâtes et papiers. La moyenne de son revenu était de 26,6 millions de dollars, la vente de l'île d'Anticosti lui en a rapporté 23,8 millions. Bien sûr, les bénéfices par action ordinaire, dont Power détenait près de 40 %, et la valeur de dividendes versés ont connu un beau bond proportionnel en 1974 (17,7 millions de dollars en dividendes comparés à une moyenne de 6,7 millions de 1966 à 1974).

Pour compenser sa triste perte de l'île d'Anticosti, Paul Desmarais a mis la main la même année sur les 75 kilomètres carrés qui deviendraient son domaine de Sagard dans Charlevoix. Cette prise s'est effectuée par le truchement de la Canada Steamship Lines, qui lui appartenait. Le coût : un dollar ! La Canada Steamship Lines a cédé le territoire à Power Corporation en 1976, qui l'a cédé à Paul Desmarais en 1988 pour un autre dollar.

Au portrait du capitalisme sauvage qu'illustre le pillage des forêts s'ajoutent une pratique de conspiration pour fixer les prix et un refus constant de réinvestir les profits dans la modernisation des équipements de production. Il arrivait, selon Robert Kerton, professeur de l'Université de Waterloo cité par Diane Francis, que les capitaines de l'industrie papetière au Canada s'organisent pour fixer les prix du papier à l'aide d'une méthode appelée « la conspiration par déduction », ou le parallélisme conscient. « Le président d'une entreprise prononçait un discours à un endroit sur le besoin d'obtenir un meilleur prix pour son papier. Il s'agissait d'un signal codé qu'il envoyait aux autres. Parfois, il donnait même publiquement le pourcentage d'augmentation prévu. » C'est un délit où, selon Kerton, il est plus difficile d'obtenir une conviction au Canada qu'aux États-Unis.

Quant aux équipements de production, l'industrie des pâtes et papiers au Québec, en particulier, ne brillait pas non plus par le réinvestissement de ses profits dans la modernisation au début des années 1970, même si les machines à papier qui comptaient pour plus de 80 % de la capacité de production au Québec dataient d'avant 1945. À titre de comparaison, aux États-Unis, presque toute la capacité de production datait d'après 1945. Avec du bois en masse et de vieux équipements qui roulaient à plein régime, cette industrie, même si elle reconnaissait que ses équipements étaient vétustes, semblait satisfaite de retirer des profits énormes tout en implorant les gouvernements de financer la modernisation des équipements. C'était le cas de la Consolidated-Bathurst, dont les immobilisations au début des années 1970 ont été rachitiques. Or, en 1972, elle a lancé, avec d'autres entreprises de pâtes et papiers, un plaidoyer pour obtenir de l'aide et des investissements en vue de moderniser leurs équipements de production.

La manne a fini par tomber et, comme d'habitude, Paul Desmarais était là pour la récolter, même si cette manne venait de ses adversaires politiques acharnés. En 1978, alors que le gouvernement fédéral ne faisait qu'accoucher d'un rapport d'un nième groupe de travail sur l'industrie, le gouvernement de René Lévesque a annoncé en juin 1978 qu'il lançait un programme de modernisation des équipements de production des pâtes et papiers qui s'étalerait sur cinq ans et qui entraînerait des investissements de plus de 450 millions de dollars. Ce programme comprendrait des subventions, des emprunts subventionnés et la création d'un fonds d'investissement. Malgré l'imminence du référendum de 1980, le gouvernement Lévesque et son ministre des Ressources naturelles Yves Bérubé ont convaincu l'Ontario de leur emboîter le pas, suivi d'Ottawa en 1979. À la suite des négociations, il a été convenu que, au Québec, tout investissement gouvernemental devait passer par le gouvernement du Québec puisque la forêt relevait de sa compétence exclusive. Le programme avait pour objet de moderniser les équipements en vue de réduire les coûts de production pour, par la même occasion, augmenter la productivité et mettre en place des équipements de protection de l'environnement et d'économie d'énergie. Selon le programme, les projets devaient être ceux qui ne se feraient pas sans l'aide gouvernementale et qui n'auraient pas pour effet d'augmenter la capacité de production du papier journal puisque l'industrie avait besoin de se diversifier afin d'être moins exposée aux crises cycliques. Aussi, les concepteurs du programme souhaitaient que chaque dollar gouvernemental investi dans le cadre du programme engendre un investissement équivalent de la part des entreprises de pâtes et papiers.

Ce programme, jumelé aux éléments ajoutés en cours de route, a eu un impact remarquable sur la productivité et la compétitivité des sociétés papetières québécoises. Mais l'objectif d'incitatif du programme n'a pas été atteint parce que les industries n'ont pas investi à la hauteur ciblée, soit de un dollar d'investissement privé pour chaque dollar de subvention gouvernementale. Voici quelques indicateurs : de 1980 à 1984, la croissance annuelle de la productivité était de 2,8 % (11,4 % en quatre ans) alors qu'entre 1970 et 1980, la productivité n'a augmenté en moyenne que de 1,7 % par année ; en 1986, le Québec a bénéficié de 45,6 % des investissements canadiens en modernisation alors qu'en 1970, il n'a reçu que 20 % de ce genre d'investissements ; et de 1981 à 1986, les expéditions de papiers spéciaux, autres que le papier journal, ont augmenté de 225 %. Rappelons que, dans les années 1970, la Consolidated-Bathurst était la plus importante entreprise de pâtes et papiers au Québec. En somme, grâce à ce programme lancé par le gouvernement de René Lévesque, l'industrie des pâtes et papiers au Québec a diversifié sa production, pris de l'expansion sur de nouveaux marchés et augmenté sa productivité. Ce programme mené par le gouvernement Lévesque s'est poursuivi avec plusieurs ajouts malgré la terrible crise économique qui avait frappé à partir de 1981 et qui avait valu à René Lévesque les pires insultes. Parmi les ajouts, le reboisement massif. René Lévesque a décrit la situation en 1983 :

> « Le programme de modernisation des pâtes et papiers, lancé quatre ans plus tôt et tenu à bout de bras par Yves Bérubé... avait fini par toucher toute une industrie qui, de décrépite qu'elle était au départ, était redevenue compétitive. À quoi nous devions maintenant ajouter une accélération phénoménale du reboisement. Sachant que nos forêts avaient été si longtemps et si outrageusement pillées, nous avions déjà multiplié par quatre la plantation de nouveaux

arbres. C'était loin d'être suffisant. [...] Nous décidâmes de porter avant 1988 le rythme annuel du reboisement de 65 à 300 millions d'arbres et d'assurer ainsi le renouvellement perpétuel du patrimoine forestier, à la scandinave. »

Et Paul Desmarais là-dedans ? De la vingtaine d'entreprises de pâtes et papiers au Québec, ce sont les usines de la Consolidated-Bathurst, donc de Paul Desmarais, qui, avec celles de MacLaren, ont reçu les plus importantes subventions pour la modernisation, avec un total d'environ 43 millions de dollars !

Avec des usines modernes et diversifiées et de nouveaux marchés, il ne restait ainsi, pour finir de polir le bijou, qu'à sécuriser l'approvisionnement en matière première. Le régime des concessions forestières qui avaient fait la richesse des entreprises de pâtes et papiers ne pouvait plus tenir. À la fin du deuxième mandat du gouvernement Lévesque, en juin 1985, le ministre délégué des Forêts a enfin déposé un *Livre vert sur la forêt* en vue de l'adoption d'une nouvelle politique forestière. Témoin tardif de la grogne dans tout le Québec au sujet de la gestion des forêts, cette politique visait à forcer les industriels à prendre leurs responsabilités, notamment en plantant autant d'arbres qu'ils en coupaient pour assurer la survie et la durabilité des forêts. Elle n'a, toutefois, jamais été mise en œuvre en raison de la défaite électorale du Parti québécois de novembre 1985. En effet, il s'agissait de faire la quadrature du cercle : protéger la ressource et assurer un développement durable de la forêt au bénéfice de la population et des divers intérêts régionaux, qui englobaient petits exploitants, coopératives forestières, municipalités et syndicats, tout en satisfaisant l'appétit insatiable du cartel des grandes sociétés papetières, jusque-là maîtres de la forêt québécoise. On ne sait pas si cette politique si tardivement proposée aurait réussi, mais le problème s'est réglé, du moins pour les entreprises de pâtes et papiers, dont la Consolidated-Bathurst, avec le retour d'un gouvernement libéral sous Robert Bourassa.

Le nouveau ministre délégué des Forêts, le libéral Albert Côté, et son sous-ministre Robert Tessier, futur dirigeant de Gaz Métropolitain, ont ainsi pris le projet de loi déposé par le gouvernement du Parti québécois et l'ont libéralisé à la faveur des sociétés papetières en maintenant « l'approvisionnement de l'industrie forestière à un niveau susceptible de lui permettre de profiter des opportunités de développement », pour reprendre les mots du ministre Côté. Adopté en septembre 1986 pour entrer en vigueur en avril 1987, le nouveau régime forestier a remplacé celui des concessions forestières par le Contrat d'approvisionnement et d'aménagement forestier, le CAAF, d'une durée de 25 ans. Ce contrat a assuré aux entreprises de pâtes et papiers et aux autres exploitants qu'ils obtiendraient tout le bois nécessaire à condition d'effectuer sur le territoire visé certains travaux d'aménagement qui permettraient d'assurer la régénération de la forêt. Contesté par les syndicats, les coopératives forestières et les MRC, mais applaudi par le cartel de la forêt, ce régime forestier n'aurait jamais pu être adopté par le Parti québécois, qui se serait aliéné ses appuis traditionnels. En revanche, le Parti libéral n'a jamais caché son allégeance au grand capital, dont le chef de file au Québec était et demeure Power Corporation/Desmarais, alors propriétaire de la Consolidated-Bathurst.

Fin des années 1980 : l'industrie papetière connaît de très belles années, le tout Québec politique et économique veut créer un géant mondial de l'industrie papetière pouvant concurrencer les plus grands sur les marchés internationaux. Dans un geste politique inusité, voire surréel, le premier ministre libéral Robert Bourassa a demandé à l'économiste Jacques Parizeau, qui était aussi, depuis mars 1988, chef du Parti québécois et du mouvement souverainiste, d'intervenir auprès de Paul Desmarais afin de favoriser la fusion de la Consolidated-Bathurst et de la Domtar, qui était contrôlée par la Caisse de dépôt et de placement du Québec depuis 1981. Cette rencontre à La Malbaie à la fin de 1988, reconstituée par Pierre Duchesne à partir d'entrevues avec Paul Desmarais et Jacques Parizeau, a fait chou blanc, car Paul Desmarais n'accepterait la fusion des deux entreprises « qu'à condition que ce soit lui qui mène ». On aurait pu ajouter aussi qu'à condition qu'il en profite grassement, car son refus venait du prix que la Caisse exigeait de plein droit pour les actions qui lui donnaient le contrôle de la Domtar.

En effet, selon un ancien dirigeant de la Caisse de dépôt et de placement qui désire garder l'anonymat, le projet de fusion de la Consolidated-Bathurst et de la Domtar a avorté parce que Paul Desmarais a refusé de payer à la Caisse la prime de 30 % qui revient à l'actionnaire de contrôle. Comme la Consol était plus grande que la Domtar, il était dans l'ordre des choses, selon ce dirigeant, que ce soit la première qui se porte acquéreur de la seconde. Possédant environ 40 % des actions de la Domtar, la Caisse était tout à fait en droit d'exiger et de recevoir une prime de 30 % sur le cours de l'action en bourse. Si l'action vaut 10 dollars, l'actionnaire de contrôle peut exiger et recevoir 13 dollars pour chaque action lors d'une prise de contrôle. Cela tient compte du fait que si l'acquéreur devait acheter ces actions sur le marché, la rareté croissante des actions et la forte demande feraient monter la valeur des actions disponibles même plus haut que 30 %. Cette règle, Paul Desmarais l'a toujours respectée et a toujours exigé qu'elle le soit. Or, selon l'ancien dirigeant de la Caisse, le patron de Power Corporation tout comme d'autres entrepreneurs québécois pensent que la Caisse de dépôt et de placement, à titre de société d'État appartenant à tous les Québécois, doit leur faire des cadeaux. Dans le cas qui nous concerne, pour satisfaire M. Desmarais, la Caisse aurait dû lui vendre les actions de la Domtar au prix du marché sans la prime de 30 %. Pour la Caisse, a poursuivi l'ancien dirigeant, il n'en était pas question, « car nous savions que si Paul Desmarais devenait le patron de la société fusionnée, il pourrait se retourner et la vendre en touchant pleinement cette prime de 30 % ».

Cette crainte était justifiée, car dans les deux mois suivant la rencontre Parizeau-Desmarais, soit le 26 janvier 1989, dans la plus importante transaction financière de l'histoire canadienne, Paul Desmarais a vendu la Consolidated-Bathurst à la Stone Container de Chicago pour 2,6 milliards de dollars. Qui plus est, il a reçu 25 dollars l'action alors que le titre de la Consol se transigeait à 16 dollars. La prime de 30 % de l'actionnaire de contrôle qu'il a refusée à la Caisse, il l'a reçue presque en double. Elle était de plus de 50 % ! Par ailleurs, Paul Desmarais n'a jamais participé à l'industrie papetière que pour engraisser sa propre fortune. À Peter C. Newman, il a déclaré :

« J'ai étudié les maudits cycles de la Connie-Bathurst. Chaque fois que le flux de trésorerie et les profits montaient, les ingénieurs de la Connie-Bathurst prenaient le dessus, en disant qu'il fallait faire ceci ou cela à une telle usine et prendre de l'expansion là-bas, et si nous voulions être un joueur mondial nous devions faire ceci ou cela. L'argent était dépensé avant que je ne mette la main dessus. Alors, j'ai dit au diable. Si j'ai une offre que je ne peux refuser, je la prends. »

Voilà son attitude à l'égard de la modernisation de l'industrie des pâtes et papiers au Québec.

À partir du 26 janvier 1989, Paul Desmarais ne serait plus un capitaine de l'industrie au Québec. Le temps où on ne pouvait rien faire ni rien acheter sans enrichir la famille Desmarais était révolu. Finis les jours où Paul Desmarais pouvait dire que cela ne faisait rien si les convives invités à une fête au Ritz à Montréal cassaient les vitres, car elles seraient remplacées par des vitres fabriquées par sa filiale la Dominion Glass. Il ne pouvait plus dire en boutade aux syndicalistes de l'industrie papetière venus manifester contre lui lors du sommet économique de mai 1977, qui réunissait René Lévesque, Louis Laberge et Paul Desmarais, qu'ils l'enrichissaient quand même puisqu'ils avaient fait le trajet jusqu'à la manifestation dans des autobus qui lui appartenaient. Quand Paul Desmarais a pris le contrôle de Power Corporation en 1968, plus de 60 % de ses avoirs étaient au Québec. À partir de 1989, ce pourcentage est tombé à moins de 10 % et la chute s'est poursuivie avec la vente du Montréal Trust en mars 1989.

En effet, la Consolidated-Bathurst, cette poule aux œufs d'or, gavée de billes de bois du patrimoine forestier québécois, vivifiée par des milliers de travailleurs et de travailleuses et embellie par les largesses de l'État, qui a tant enrichi son propriétaire, serait vendue avant qu'elle n'agonise, procurant plus d'un milliard de dollars de liquidités à celui qui s'en servirait pour s'implanter sous des cieux européens et, dans une moindre mesure, asiatiques. Le Québec deviendrait dorénavant une sorte de basse-cour à tenir en place et à regarder du haut de son domaine de Sagard. Au moins, à Sagard, il investirait… dans une petite église.

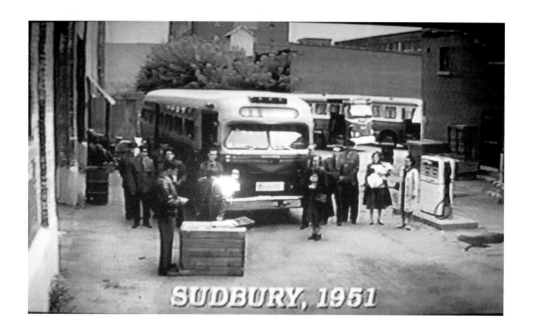

Première image d'une *Minute du patrimoine*, tournée par Robert-Guy Scully mais jamais diffusée par Radio-Canada, mettant en vedette Roch Voisine dans le rôle de Paul Desmarais. L'objectif de cette minute de propagande, réalisée dans le cadre du scandale des commandites, visait à démontrer que même un Canadien français minoritaire de Sudbury peut réussir au Canada.

Photo : André Lagarde. Remerciements à Pierre Godin.

Paul Desmarais à Hawaii avec Daniel Johnson, fin septembre 1967. *La Presse* a publié en grande manchette la déclaration-capitulation de Daniel Johnson sur la Muraille de Chine, tout en taisant le fait que le propriétaire de *La Presse*, Paul Desmarais, était à Hawaii avec le premier ministre et qu'il était la cheville ouvrière de l'opération.

Photo : André Lagarde. Remerciements à Pierre Godin.

Paul Desmarais entretient, depuis les années 1960, des liens politiques aux échelons les plus élevés. Ici, en voyage de pêche avec le premier ministre Daniel Johnson.

Photo : Jacques Nadeau

Paul Desmarais, Louis Laberge et René Lévesque au sommet économique de mai 1977, pendant une manifestation des travailleurs et travailleuses de la Consolidated-Bathurst. À ce moment-là, Power Corporation était un employeur très important au Québec, ce qui n'est plus le cas aujourd'hui.

Photo : Service des communications de la FTQ

Manifestation de syndicalistes de la FTQ devant le bureau de Power Corporation, au 44ᵉ étage de la tour de la Bourse, le 8 mars 1989. Les syndicalistes ont voulu remettre en mains propres une lettre à Paul Desmarais dans laquelle ils lui demandaient de réinvestir au Québec le « fabuleux milliard » qu'il avait obtenu en vendant la Consolidated-Bathurst. Vingt ans plus tard, on attend toujours ce réinvestissement.

Photo : Jacques Nadeau

Paul Desmarais fils est actif surtout en Europe où, par le truchement de Pargesa Holding SA, les Desmarais et les Frère de Belgique sont actionnaires de référence de la quatrième pétrolière en importance au monde, Total SA, et de la société gazière GDF Suez, qui est, entre autres, premier fournisseur mondial de gaz naturel liquéfié.

La prise de contrôle
de Paribas suisse a réussi

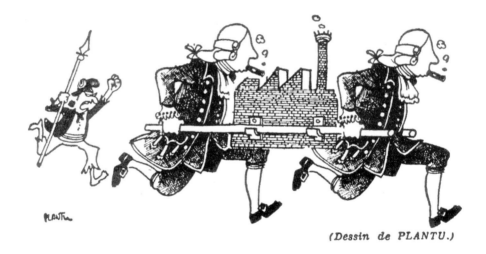

(Dessin de PLANTU.)

L'affaire Paribas, ou «l'attaque du train postal» selon le biographe d'Albert Frère, complice de Paul Desmarais dans cette cabale, a suscité de vives réactions dans le monde politique et médiatique français. Cette caricature de Plantu, publiée dans *Le Monde* le 24 octobre 1981, permet de saisir la nature de l'affaire. L'affaire Paribas a été le tremplin de Power Corporation en Europe.

Les petits péchés capitaux de Paribas

Autre caricature concernant l'affaire Paribas, publiée dans *Le canard enchaîné*, le 28 octobre 1981.

11

Paroles, Paroles, Paroles

*… paroles et paroles
encore des paroles que tu sèmes au vent…*

DALIDA, *Paroles, paroles*

Si Paul Desmarais avait tenu son engagement pris le 26 janvier 1989, jour où il a vendu la Consolidated-Bathurst à l'entreprise étasunienne Stone, il serait encore un important joueur économique et industriel québécois. De plus, il faudrait composer avec lui aujourd'hui un peu comme Jean-Paul Gignac l'avait exigé de René Lévesque quand il avait convaincu ce dernier de rencontrer le chef de file des hommes d'affaires peu après son élection en 1976. René Lévesque ne voyait pas pourquoi il devait le rencontrer, car il le considérait plutôt comme faisant partie des « rois nègres ». Pour le faire changer d'idée, Jean-Paul Gignac, qui était membre du conseil d'administration de Power, avait dit : « Monsieur Lévesque, soyez réaliste, vous ne pouvez pas ignorer quelqu'un comme Paul Desmarais. Il fait vivre la moitié de la province de Québec. »

Ce n'est plus le cas pour Paul Desmarais depuis le 27 janvier 1989 ! Et on peut conclure que ce n'est pas que la vérité qui est sortie de sa bouche et de celle de ses sous-fifres, ni ce jour de janvier 1989 ni chaque année depuis.

À la suite de la vente controversée de la Consolidated-Bathurst, entreprise qui représentait en 1987 plus du tiers des revenus consolidés de Power Corporation, Paul Desmarais s'est trouvé avec des liquidités d'environ 1,5 milliard de dollars, sans dette. À ce montant s'ajouterait un autre 550 millions de dollars provenant de la vente de la fiducie Montréal Trust à BCE deux mois plus tard, pour faire un total à investir, selon les analystes et les Desmarais, d'environ 2 milliards de dollars. La vente de la Consolidated-Bathurst à l'entreprise étasunienne Stone Container constituait la plus importante transaction dans l'histoire du Canada. Lors de la conférence de presse conjointe tenue le jeudi 26 janvier avec Roger Stone, acquéreur de l'entreprise de pâtes et papiers québécoise, Paul Desmarais a clairement dit qu'il cherchait des occasions pour investir au Québec. Il était tellement convaincant que *Le Devoir* a titré son article sur la vente : « Desmarais entend encore jouer un rôle majeur dans le développement du Québec ». Même son de cloche quelques jours plus tard lorsqu'il s'était réuni à Bruxelles avec le premier ministre du Québec, Robert Bourassa. Paul Desmarais a même affirmé devant Robert Bourassa que la transaction était à l'avantage du Québec, car elle représentait selon lui une injection de 3 milliards de dollars dans l'économie québécoise. Et il a ajouté : « Il y a beaucoup d'investissements possibles au Québec. On s'y intéresse beaucoup. C'est ce qu'on veut faire. » Toutefois, on y voyait déjà le germe d'une éventuelle dérobade. En reprenant sa fâcheuse habitude de comparer ses intérêts à ceux du Québec, comme si ce qui est bon pour Power Corporation l'était aussi pour le Québec, il a ajouté : « On ne peut être exclusivement au Québec, l'économie mondiale est importante et le Québec doit y participer s'il veut prospérer. » Lui et le Québec ne feraient qu'un.

On comprend, dans cette valse des milliards, pourquoi Paul Desmarais tient tant à cultiver des liens avec les dirigeants politiques. En effet, sa décision surprise de vendre la Consolidated-Bathurst mettait fin abruptement à un effort soutenu de la part de dirigeants politiques et économiques du Québec, tous partis confondus, de créer un grand bloc papetier québécois pouvant concurrencer les grandes multinationales. Pour n'importe quel premier ministre du Québec, la perte du contrôle d'une grande entreprise industrielle représente une gifle en plein visage. Le surlendemain de la vente, le ministre des Finances du Québec et premier ministre suppléant Gérard-D. Lévesque a reconnu que le Québec laissait ainsi filer son contrôle de l'industrie forestière. Pour consommer l'acte, Paul Desmarais a profité de l'absence de Robert Bourassa qui faisait un périple « économique » de trois semaines en Europe. Périple qui comprenait de nombreuses rencontres vraisemblablement facilitées, sinon organisées, par Paul Desmarais lui-même, dont la dernière et non la moindre, le 1er février 1989. Cette dernière rencontre tenue quelques jours après l'annonce de la vente de la Consolidated-Bathurst a réuni notamment Paul Desmarais lui-même et Robert Bourassa ainsi qu'une quinzaine d'hommes d'affaires belges proches d'Albert Frère, bras droit de Paul Desmarais en Europe. Sans Desmarais, le premier ministre du Québec n'aurait probablement pas pu organiser cette rencontre. Comment un premier ministre pouvait-il ainsi dénoncer la perte du fleuron de l'industrie papetière québécoise alors qu'il était en compagnie de celui qui l'avait vendue et qu'il lui était redevable pour la tenue même de la rencontre ? Pour adoucir la gifle qu'il venait d'asséner à son ami Robert Bourassa, Paul Desmarais, normalement très avare de commentaires, a tenu à livrer de Bruxelles, par l'entremise de son journal *La Presse*, un vibrant hommage à « l'un des bons premiers ministres depuis longtemps, qui comprend très bien l'économie québécoise ». Donc, les fleurs après le pot, et le milliard de dollars dans ses poches.

Robert Bourassa sentait sûrement que la soupe était chaude après cette vente, car son rival Jacques Parizeau, économiste de renom et chef du Parti québécois, avait récemment participé, à sa demande, aux efforts visant à créer un grand bloc papetier québécois. En effet, à peine un mois plus tôt, Robert Bourassa lui avait confié le mandat de tâter le terrain auprès de Paul Desmarais, chez lui. Contrairement à Robert Bourassa, si Jacques Parizeau avait été premier ministre lors de la vente de la Consol, il ne serait pas resté planté « comme une vache qui regarde passer le train », pour reprendre ses propres mots. À l'inverse de Robert Bourassa, Jacques Parizeau ne se serait pas senti redevable de quoi que ce soit envers Paul Desmarais.

Après la vente de la Consol, il ne restait que la parole de Paul Desmarais sur laquelle on pouvait compter pour croire que le Québec profiterait de « l'injection de 3 milliards de dollars », car ni le premier ministre du Québec ni le premier ministre du Canada, Brian Mulroney, autre proche ami de Paul Desmarais, n'allaient intervenir. De plus, comme Paul Desmarais évite soigneusement les médias tout en en étant propriétaire d'un grand nombre, rares ont été les occasions de lui poser les questions qui s'imposaient comme :

– Et les milliards, Paul ?

– Cet investissement majeur au Québec, c'est pour quand ?

Malgré ses cachotteries, la question l'a talonné pendant plusieurs années. Même jusqu'à son bureau au 44e étage de la tour de la Bourse, à Montréal. En mars 1989, alors à peine un mois après la vente, une délégation de 25 syndicalistes de la Fédération des travailleurs et travailleuses du Québec s'est rendue à son bureau pour lui livrer en mains propres une lettre lui demandant de réinvestir au Québec le milliard et demi de dollars qu'il avait empoché lors de la vente de la Consolidated-Bathurst. La lettre précise que cet argent venait du Québec et qu'il devait y être réinvesti, et ajoute que le premier ministre Bourassa lui-même s'était dit convaincu qu'il le serait. Personne ne sait comment Paul Desmarais a réagi à la lettre, car les 25 représentants de la FTQ n'ont pas pu le rencontrer, s'étant vus obligés de glisser la lettre sous la porte du bureau où un agent de sécurité l'a ramassée. Guy Cousineau, secrétaire général du Conseil des travailleurs du Montréal métropolitain, a remarqué que c'était bien plus compliqué de rencontrer Paul Desmarais que de rencontrer le premier ministre du Québec.

Voici le texte de la lettre de la FTQ :

« M. Desmarais :

« Si nous nous permettons de vous écrire aujourd'hui, c'est parce que nous sommes inquiets.

« Inquiets de voir les pages de vos journaux constellées de nouvelles acquisitions d'entreprises, de fusions et de pertes d'emploi… mais sans nouvelles de vous.

«Inquiétude, c'est aussi le sentiment qui nous avait envahis lorsque nous avons appris que vous vendiez votre participation majoritaire dans Consolidated-Bathurst à une entreprise américaine concurrente.

«Mais très vite, nous avons été rassurés par notre Premier ministre, M. Bourassa : il se disait convaincu de vous voir réinvestir le fabuleux milliard dans notre Belle Province.

«Alors, nous avons patienté... et les semaines ont passé...

«Vous n'ignorez pourtant pas que le taux de chômage est un problème crucial au Québec et que dans la ville de Montréal, il atteint 14 %.

«M. Desmarais, sachez-le, ces gens sans emploi attendent désespérément des nouvelles de vous et de vos millions. Ils ne veulent pas croire que cet argent puisse aller ailleurs alors que c'est au Québec qu'il a été généré.

«Jeudi soir, à 19 h 30, la FTQ tiendra une assemblée publique et la population de Montréal ne manquera pas de parler de votre milliard.

«Peut-être pour les rassurer, devriez-vous leur révéler combien d'emplois vous comptez créer au Québec? 25 000? 10 000? 5 000? ou...?

«En attendant une réponse de votre part, nous vous prions de croire, M. Desmarais, à notre plus grand intérêt.»

On a fini par recevoir la réponse sur le nombre d'emplois, mais il a fallu attendre des années.

Au cours des années suivantes, jusqu'en 1995, chaque fois qu'un journaliste réussissait à poser une question à Paul Desmarais ou à un de ses fils subalternes, la question portait inévitablement sur le milliard de la Consol et sur ce futur investissement majeur promis pour le Québec. L'occasion se présentait généralement au seul moment où Paul Desmarais, qui cultive le mystère et le secret, était tenu de vivre au moins une minute de vérité en tant que patron d'une société publique à l'assemblée annuelle des actionnaires. Pour Power Corporation, c'est toujours dans la première quinzaine de mai. Et chaque fois, les journalistes – et le public – ont eu droit de nouveau à la parole de Desmarais. Power étudiait les possibilités ; le Québec était la priorité. Et chaque fois, la promesse d'investissement a été assortie de nouvelles conditions, parfois financières, mais le plus souvent politiques.

Voici donc un échantillon de la « parole de Desmarais ».

En mai 1990, l'assemblée des actionnaires de Power s'est tenue pendant que faisait rage le débat autour de l'accord du lac Meech. Un mois plus tard, l'accord serait rejeté par le Canada anglais. En marge de l'assemblée annuelle, Paul Desmarais déplorait l'incertitude politique au Québec, en notant que, pour cette raison, des investissements de 800 millions étaient mis en veilleuse, dont les investissements promis par Power Corporation.

L'année 1991 a été particulièrement faste en termes d'apparitions publiques de Paul Desmarais. Le Québec y a eu droit au moins deux fois. En effet, à la suite du rejet de l'accord du lac Meech, le gouvernement Bourassa, avec l'appui de l'opposition officielle dirigée par Jacques Parizeau, a établi la commission sur l'avenir politique et constitutionnel du Québec, mieux connue sous le nom de commission Bélanger-Campeau. Les deux leaders politiques, tous deux des économistes, ont créé une commission dirigée par deux banquiers, Michel Bélanger et Jean Campeau, que Paul Desmarais connaissait personnellement. Le premier pour avoir été membre du conseil d'administration de Power Corporation, le second pour avoir dirigé la Caisse de dépôt et de placement du Québec au moment où la Caisse et Power avaient tissé de nombreuses alliances. Puisque l'économie était de toute évidence au cœur des préoccupations et que les commissaires étaient d'un tel calibre, on aurait pu penser que Paul Desmarais accepterait les invitations pressantes qui lui ont été adressées de se présenter devant la commission et de contribuer pleinement au débat.

Malheureusement, Paul Desmarais, comme certains autres dirigeants du monde des affaires, a choisi de contourner la commission Bélanger-Campeau, préférant prendre la parole devant la très malléable Chambre de commerce du Montréal métropolitain. Ainsi, le mardi 12 février 1991, Paul Desmarais a précisé devant les 1 300 convives bien apprivoisés que l'incertitude politique causée par les débats sur l'avenir du Québec effrayait les investisseurs. Dont lui, car il n'a pas dit un mot sur le réinvestissement de ses énormes liquidités. L'apparition de celui qui se comportait de plus en plus comme un fantôme a été remarquée par tous, mais au moment où les journalistes s'apprêtaient à lui poser des questions, il s'est dérobé par la porte arrière.

Sa fuite littérale des journalistes, à l'image de la fuite des capitaux qu'il était en train d'effectuer du Québec vers d'autres contrées, n'a pas échappé aux yeux vigilants de certains journalistes et politiciens. Certains ont signalé que Paul Desmarais réinvestissait cet argent partout SAUF au Québec, et notamment en Europe et en Asie. Il n'est donc pas surprenant qu'il ait refusé de se présenter devant la commission Bélanger-Campeau. Imaginons les questions pointues que lui auraient posées les deux banquiers Bélanger et Campeau ou d'autres membres de la commission, comme Louis Laberge, président de la FTQ, ou même le secrétaire de la commission, un certain Henri-Paul Rousseau ! En se présentant devant un auditoire de la Chambre de commerce trié sur le volet, qui, pour une bonne partie, le tenait en admiration béate, il n'avait qu'à répéter sa rengaine de « je suis fier d'être à la fois Canadien, Montréalais, Québécois, Franco-Ontarien et Canadien français » en lançant des menaces économiques à peine voilées. Ce qu'il a fait. Ce fier Québécois, Canadien, Montréalais, etc., qui semblait vouloir faire la barbe à Elvis Gratton, n'était pourtant pas assez fier pour jouer le jeu démocratique de la commission que son ami et confident Robert Bourassa avait mise sur pied. Jacques Parizeau l'a ramené sur terre le lendemain :

« Pensez à cet homme qui nous alerte aux coûts possibles de l'incertitude, aux dangers pour les investisseurs de ne pas savoir où le Canada va aller et aux dangers de la souveraineté. [...] [Lui] qui a vendu tous les gros investissements qu'il avait au Québec, c'est-à-dire Consolidated-Bathurst et Montréal Trust, et qui investit depuis trois ans à peu près la totalité de ce qu'il a en Europe. Il a tellement confiance dans les libéraux de retour au pouvoir à Québec et dans les solides fédéralistes à Ottawa, qu'il met tout son fric ailleurs. C'est parce qu'il a beaucoup, beaucoup d'argent qu'on ne rit pas dans certains milieux.»

Entre l'apparition en février 1991 et celle de l'assemblée annuelle de Power en mai, en cette période survoltée de l'après-Meech, l'homme fantôme n'a pas été inactif sur le plan politique. Comme à l'accoutumée, toutefois, il a choisi l'intimité de l'un de ses nombreux domaines ou châteaux pour imposer sa vision. Ainsi, en avril 1991, pendant que les commissaires Michel Bélanger, Jean Campeau et les autres de la commission sur l'avenir du Québec recevaient des centaines de groupes et d'individus de toutes les couches de la société québécoise, Paul Desmarais se faisait le généreux et charmant hôte du premier ministre Robert Bourassa à son palais de Palm Beach, en Floride. D'autres y ont défilé, dont le premier ministre de l'Ontario, Bob Rae, frère du vice-président de Power Corporation, John Rae. Ce séjour de convalescence ne rappelle-t-il pas étrangement celui du premier ministre Daniel Johnson à Hawaii en 1967 : un premier ministre malade qui passe une période de convalescence en compagnie de Paul Desmarais au moment où le Québec est en ébullition et qu'une décision politique importante s'impose ? Il existe au moins une différence importante : en 1967, la fuite des capitaux dont tout le monde parlait n'était en réalité qu'une opération de chantage politique menée par des hommes d'affaires qui voulaient imposer leur vision à un premier ministre branlant. En 1991, la fuite des capitaux dont peu de monde parlait était une réalité et Paul Desmarais, qui en était le principal auteur, s'acharnait à la dissimuler à un premier ministre branlant et à la population québécoise laissée dans l'expectative. Tout en tentant de leur imposer sa vision de l'avenir.

Lors de la seconde apparition publique de l'homme fantôme, en 1991, en marge de l'assemblée annuelle de Power, celui-ci y est allé de quelques promesses bien senties. Sous le titre «Power envisage un achat majeur au Québec», *Le Devoir* a rapporté que cette dernière allait «concentrer ses énergies dans le but de faire un investissement majeur dans le domaine industriel au Québec». Selon les porte-parole de Power, les pourparlers avec des entreprises québécoises allaient bon train. Les analystes et les Desmarais eux-mêmes estimaient encore les liquidités provenant de la vente de la Consolidated-Bathurst et du Montréal Trust à plus de un milliard de dollars. Comme d'habitude, Paul Desmarais a fait ces promesses, mais en les assortissant de menaces et d'ultimatums politiques : l'investissement devait attendre que la crise constitutionnelle soit réglée dans le sens d'un Québec dans un Canada uni. «L'incertitude politique» était tellement effrayante au Québec qu'il a dû investir des centaines de milliers de dollars provenant de la vente de la Consol en Chine, qui, moins de deux ans auparavant, avait tout de même vécu la crise de la place Tian'anmen.

En 1992, année pauvre en apparitions, le fantôme et ses fils ont quand même de nouveau promis publiquement d'investir au Québec. Lors de l'assemblée annuelle de la Financière Power, Paul fils a reconnu en rigolant qu'il s'agissait plutôt d'une mauvaise blague que de continuer à promettre des investissements au Québec sans jamais accoucher : «C'est étonnant, a-t-il déclaré à *The Gazette*, année après année, on répète continuellement que nous cherchons [des occasions d'investir].» Il a ajouté qu'il était «très heureux» d'avoir son siège social au Québec et «très ouvert» à l'idée d'investir au Québec, précisant que les filiales Great-West et le Groupe Investors aussi «y regardaient activement». Le lendemain, son père en a rajouté, en marge de l'assemblée annuelle de la société mère Power Corporation, de sorte que la journaliste de son principal journal, *La Presse*, a écrit, sur la foi du fantôme en personne, que «Power Corporation du Canada et ses filiales dispos[ai]ent de 2,5 à 3 milliards et une partie de cette cagnotte pourrait bien être investie au Québec au cours de l'année.»

Il faut tout de même mettre ces promesses libres de menaces de mai 1992 dans leur contexte. Le fantôme se devait de s'engager fortement à ce moment, car ses amis au pouvoir à Ottawa et à Québec, Brian Mulroney et Robert Bourassa, étaient en train de faire leur lit constitutionnel dans le sens de la volonté de Paul Desmarais. Le premier avait mis en branle le processus de négociations qui aboutirait en août 1992 à l'entente de Charlottetown, qui serait rejetée par référendum le 26 octobre suivant. Pour sa part, Robert Bourassa avait, depuis le 8 avril, commencé à effectuer un repli stratégique qui l'amènerait à accepter de négocier pour moins que ce qu'il y avait dans le défunt accord du lac Meech. Il fallait ainsi qu'il en pleuve des promesses d'investissements au Québec, et surtout sans être assorties de menaces! Paul Desmarais a donc précisé que l'incertitude constitutionnelle ne jouerait aucun rôle dans les décisions d'investissement à venir.

Or, plus de trois ans s'étaient écoulés depuis la vente de la Consolidated-Bathurst et du Montréal Trust et les promesses commençaient à susciter des doutes. Le fantôme se devait d'expliquer pourquoi le Québec, qui avait fait naître Power Corporation, demeurait toujours le parent pauvre de l'empire. Là, l'excuse économique était fin prête : le réinvestissement a été retardé parce que «nous n'avons pas pu satisfaire notre condition de base d'un taux de rendement de 15 %.»

Le fantôme avait aussi comme tâche de réparer les pots que son homme de paille Roger-D. Landry – Roger «quelque chose» Landry, selon René Lévesque – avait cassés le 22 avril 1992. En effet, deux semaines avant l'assemblée annuelle de Power, Roger-D. Landry, président et éditeur de *La Presse*, avait pris la parole devant la Chambre de commerce de Québec pour fustiger tout ce qui bougeait du côté des souverainistes et des syndicats. Dans l'une de ses envolées, il a reconnu que son patron Paul Desmarais avait bel et bien abandonné le Québec sous un gouvernement libéral à Québec et un gouvernement conservateur à Ottawa. L'ineffable Roger-D. a déclaré que Paul Desmarais a vendu la Consolidated-Bathurst et qu'il «est parti du Québec» parce que des hommes politiques s'étaient opposés à la fusion de sa compagnie de pâtes et papiers avec la Domtar, ce qui est rigoureusement faux. En cette veille de référendum sur l'entente de Charlottetown, Paul Desmarais ne pouvait pas laisser circuler l'idée confirmée par Roger-D. Landry voulant qu'il avait abandonné le Québec. Même si c'était vrai !

Le fantôme sévirait encore deux fois en 1992, mais sur le plan politique. D'abord, c'était pour être appelé au Conseil privé de la reine Elizabeth le 1er juillet 1992, ce qui lui a donné à vie le titre d'Honorable. Ensuite, c'était sous forme de lettre ouverte à la population québécoise publiée à la veille du référendum en soutien à l'entente de Charlottetown. Outre la reprise de sa déclaration à la Elvis Gratton – fier d'être Canadien, Québécois, Canadien français, etc. – d'autant plus risible que son refus d'investir au Québec trahissait son absence de fierté, sa lettre ne mérite même pas d'être mentionnée. Car son implication la plus importante dans cette campagne référendaire qu'il a perdue se situait sur le plan de l'argent, toujours l'argent. Sur le total des contributions individuelles faites pour le camp du OUI favorable à l'entente de Charlottetown, 36 % provenaient de la famille directe de Paul Desmarais et de la même adresse à Westmount.

On a continué à entendre la rengaine diffusée à un volume variable jusqu'en 1995. Power avait des liquidités en masse et attendait l'occasion d'investir au Québec où les projets intéressants étaient nombreux. En 1993, Paul Desmarais s'est associé avec son rival de naguère Conrad Black lorsque celui-ci a acheté la chaîne Southam dont faisait partie le quotidien *The Gazette*. Mais la chaîne Southam possédait 17 quotidiens, ce qui faisait que son investissement au Québec ne représentait que des poussières en comparaison aux deux milliards empochés lors de la vente de la Consolidated-Bathurst. Sur l'ensemble des liquidités, ce n'était presque rien. L'année 1993 était pour lui une belle année tout de même. Il a pu continuer à investir partout au monde sauf au Québec, et surtout en Chine, notamment avec l'aide d'Hydro-Québec et d'Ontario Hydro, sans risquer de se faire critiquer par les politiciens au pouvoir : son proche ami Brian Mulroney était toujours en selle à Ottawa et l'homme qui le remplacerait, le libéral Jean Chrétien, faisait partie de sa famille ; il restait encore un an au mandat de Robert Bourassa, et parmi les dauphins figurait en première ligne son ancien employé, Daniel Johnson.

En 1994, lors de l'apparition obligée de mai, le fantôme n'avait d'autre choix que de ressortir les vieilles menaces pour dissimuler sa propre dérobade du Québec. Le contexte politique avait changé. Il y avait une forte possibilité que Jacques Parizeau et le Parti québécois gagnent les prochaines élections au Québec, tandis que le Bloc Québécois formait l'opposition officielle à Ottawa, même si son chef Lucien Bouchard n'oserait jamais dire quoi que ce soit contre le patron de Power. Paul Desmarais y est donc allé de façon carrée. En expliquant qu'il hésitait à investir au Québec, il a déclaré que «la poussée des séparatistes pour la souveraineté du Québec nuisait aux possibilités d'investissement. Si vous parlez de la séparation, les gens n'investissent pas. Tout ça a un impact.»

Apparaissant de nouveau devant ses actionnaires et les journalistes en mai 1995, quelques mois avant le référendum, il a naturellement monté le volume d'un autre cran. Quoique la question des milliards provenant de la vente de la Consolidated-Bathurst était moins présente, elle n'avait pas complètement disparu. Power devait encore maintenir l'écran de fumée qu'il avait si soigneusement entretenu depuis six ans. Donc, Paul Desmarais a déclaré que tout projet d'investissement de Power Corporation au Québec était sur la glace en raison du référendum prévu. «Tout ce débat est très négatif pour l'économie du Québec en particulier», a-t-il déclaré. Il a ajouté qu'il n'était pas seul et que les investisseurs avec qui il entretenait des relations s'abstenaient d'investir au Québec parce que la situation politique était «intenable». Il n'est guère étonnant que les investisseurs dont il parlait n'investissent pas au Québec. En cela, ils ne faisaient que s'inspirer du fantôme lui-même qui avait tous les moyens financiers et toutes les connaissances nécessaires pour le faire, mais qui faisait précisément le contraire depuis 1989.

C'est donc dans ce contexte de perpétuelles promesses assorties de menaces et de refus d'investir que le premier ministre Jacques Parizeau a prononcé son discours qu'on pourrait intituler «L'État Desmarais» un mois avant le référendum :

> «Mais aujourd'hui, avec Jean Chrétien et Daniel Johnson, le NON, c'est l'État Desmarais. Desmarais, qui n'a pas investi un seul million au Québec depuis 10 ans. Desmarais, qui fait fortune ici, mais qui a utilisé ses profits réalisés au Québec pour investir massivement à l'étranger. Desmarais, que l'ancien employé, Daniel Johnson, remerciait cette semaine – remerciait – pour sa décision courageuse d'avoir gardé son siège social au Québec ces dernières années.»

Et depuis 1995, qu'en est-il? Bien sûr, nous avons eu droit en novembre 2000, sous les bons auspices de Lucien Bouchard, à l'achat par Power des autres journaux de langue française, *Le Soleil*, *Le Droit* et *Le Quotidien* de Chicoutimi, ce qui portait son niveau de contrôle de la presse écrite au Québec à 70%. Considérant le rôle que jouent les journaux de Gesca dans l'empire Power, cet investissement pourrait figurer sous le poste budgétaire «Communications et relations publiques» de Power Corporation, une manière pour Desmarais de s'assurer que sa cour arrière est bien sous contrôle, un peu comme pour l'achat de l'église à Sagard tout près de son domaine de Charlevoix.

Janvier 2009 marquera le vingtième anniversaire de la plus importante transaction financière de l'histoire du Canada, la vente par Power Corporation de la Consolidated-Bathurst, jumelée à celle du Montréal Trust. Cette vente a propulsé Paul Desmarais dans les ligues majeures internationales. Depuis lors, il a continuellement fait miroiter aux Québécois un investissement majeur au Québec, question de remettre ce qu'il a pu siphonner du Québec et des Québécois. Mais on l'attend toujours. Et la réponse à la FTQ sur le nombre d'emplois? Eh bien, ce n'est pas 25 000, ni 10 000, ni 5 000, mais plutôt quelque chose comme zéro. Voilà ce que vaut la parole de Desmarais. Pour reprendre la chanson de Jacques Brel: «On n'oublie rien de rien, on s'habitue, c'est tout.»

12

L'État Desmarais et les médias : 40 ans de « propagande subtile » et moins subtile

J'ai d'autorité (!) fait sursauter la parenthèse sur la « grosse Presse » : par le temps qui court, le pain est rare, et on ne sait jamais si ce n'est pas le « gros » journal qui pourra un jour ou l'autre venir à votre secours.

OLIVAR ASSELIN
dans une lettre à Claude-Henri Grignon, 10 décembre 1931

Plus ça change, plus c'est pareil.

PROVERBE

André Pratte est sans doute, aujourd'hui, le plus fidèle, le plus acharné et le plus « besognant » des défenseurs des positions politiques des patrons de Power Corporation. Il a cependant gagné à la dure son poste d'éditorialiste en chef du navire amiral médiatique de Power/Gesca, même si son père a été proche de Paul Desmarais et membre des conseils d'administration de Power Corporation, de la Financière Power, de Gesca et de *La Presse* entre 1980 et 1988. À la dure, car comme se souviendront tous ceux et celles qui suivent les médias au Québec, il a dû passer par un purgatoire de six mois en 1994 à la suite d'une intervention directe du patron de Power Corporation auprès de la direction du journal *La Presse* au sujet d'une chronique qu'il avait commise. Et ce purgatoire explique peut-être son zèle actuel. Pour mémoire, rappelons les faits.

« Tout est pourri » est le titre coiffant la chronique du 11 février 1994 d'André Pratte. Le chroniqueur a reproduit certains extraits d'une conversation téléphonique qu'il avait eue avec un lecteur, extraits qu'il qualifie lui-même de « vision confuse et caricaturale de la société québécoise », mais en ajoutant qu'elle avait « son fond de vérité ». Suit une liste des doléances du lecteur sur l'hypocrisie des policiers et leurs beignes gratuits, des politiciens et leurs revenus cachés et de... Power Corporation. « Tout est dirigé par Power Corporation, tout le monde sait ça. Chrétien, Johnson, c'est Power Corporation [...] On est tellement pourris qu'on s'en vient pire que les Américains. Mais c'est pas eux qui ont le contrôle, c'est Power Corporation. » Un fond de vérité ? À vous de juger !

Toujours est-il que Paul Desmarais aurait appelé directement le vice-président et éditeur adjoint de *La Presse*, feu Claude Masson, qui a démis André Pratte de ses fonctions. Une semaine plus tard, M. Pratte a été réintégré à la suite des protestations du syndicat et d'une grève des signatures dans l'édition du journal du 17 février. Réintégré, oui, mais avec une lettre de réprimande à son dossier et une prolongation de six mois de sa période d'essai aux fonctions de chroniqueur du journal. L'anecdote peut paraître banale, surtout qu'André Pratte semble avoir montré patte blanche et passé l'éponge. Mais elle est loin d'être banale dès lors que le patron de son journal détient 70 % de la presse écrite au Québec. Car il s'agit d'un avertissement sans appel, une sorte d'intimidation semblable à une poursuite bâillon ou SLAPP. Quel jeune journaliste et quel journaliste d'expérience oseraient dire la moindre chose défavorable à Power Corporation dans quelque journal que ce soit ? D'abord, ils ne le feraient pas dans les journaux de Gesca. Mais ils ne le feraient pas non plus dans les quelques autres journaux qui existent ni sur les ondes de la télévision ou de la radio. Songeant à son avenir dans ce pays où les débouchés dans le journalisme de langue française sont très très limités, ce journaliste, jeune ou vieux, se dirait : « Un jour, je vais peut-être vouloir travailler pour un journal de Gesca ». Donc, pas touche !

Premier impact de la concentration des médias : on exclut du débat, pour nous, certaines personnes et certaines entreprises, qui sont intouchables. De même, certaines opinions et enquêtes sont carrément interdites.

Quand la Commission des valeurs mobilières de l'Ontario a annoncé qu'elle allait sévir contre plusieurs fonds communs de placement canadiens, dont le Groupe Investors, filiale de Power Corporation et plus important fonds du genre au Canada, les grands médias anglais du Canada en ont fait la grande manchette. Dans les jours suivants, de nombreux articles d'information, d'analyse et d'explication sont venus étayer l'histoire. En revanche, il a fallu se rendre à la page 12 du cahier Affaires de *La Presse* pour lire un court article tiré d'une dépêche de Bloomberg pour en savoir un peu plus. Alors que le *Globe and Mail* qualifiait l'action du régulateur ontarien de « frappe » (« *strike* ») et que d'autres observaient que ces entreprises étaient « sous les feux groupés » du régulateur, *La Presse* s'est contentée de nous informer que la Commission ontarienne donnait « des avertissements ». Vu le rôle de Power Corporation dans les médias d'information au Québec – 70 % de la presse écrite au Québec –, les investisseurs québécois, qui sont pourtant très courtisés par ces fonds communs de placement, dont le Groupe Investors, ont fini par savoir très peu de choses sur ce scandale d'envergure dont plusieurs d'entre eux ont fait les frais.

L'infraction des fonds communs de placement consistait à permettre à certains gros clients de faire du « *market timing* », soit des transactions rapides synchronisées, notamment en profitant de la fermeture des marchés boursiers dans un fuseau horaire et de leur ouverture dans un autre fuseau. L'impact est considérable pour l'investisseur ordinaire qui compte sur les fonds communs pour faire des placements à long terme, conformément à leurs prospectus. Cet investisseur voit son rendement réduit, puisqu'il aura été écrémé par le gros client au vu et au su de l'entreprise de fonds communs qui tire des bénéfices de ces transactions.

Emboîtant le pas au procureur de New York, Elliot Spitzer, aujourd'hui déchu, qui avait sévi contre ce genre de fonds aux États-Unis, la Commission des valeurs mobilières de l'Ontario a commencé à enquêter sur les fonds canadiens en novembre

2003. En septembre 2004, elle a sévi contre quatre fonds, dont le Groupe Investors, pour ensuite imposer des amendes après entente d'un total de 156,2 millions de dollars, dont 19,2 millions de dollars pour le Groupe Investors. L'intervention du régulateur n'a satisfait personne, sauf les propriétaires des fonds eux-mêmes. Un recours collectif a été déposé par des Montréalais dès octobre 2004 dont il n'y a eu que peu ou pas d'échos dans les médias québécois. Pourtant, les montants en jeu sont bien supérieurs à ceux dont on parle dans le cas de Vincent Lacroix et de Norbourg, maintenant un homme bien connu du public. Voici comment l'avocat responsable du recours collectif, Me Normand Painchaud, décrit la démarche :

« Notre recours collectif porte sur la faute de certains gestionnaires de fonds communs d'avoir permis la pratique du *market timing* dans leurs fonds. [...] Notre recours, déposé avant que les ententes ne soient conclues avec la CVMO, vise les mêmes cinq gestionnaires, de même que CIBC et MacKenzie [propriété d'Investors, donc de Power]. Selon nos experts et les recherches disponibles, les dommages causés par le *market timing* sont potentiellement quatre fois plus élevés que les montants payés à la suite des ententes avec la CVMO. Les recherches universitaires américaines sur le sujet indiquent que le *market timing* dans les fonds communs réduit d'environ 2 % le rendement des fonds. À l'échelle du Canada, cet impact serait donc de 2 milliards de dollars pour les cinq gestionnaires visés par les ententes, comparativement aux quelque 500 millions versés. La disparité s'explique notamment par le fait que la CVMO a comme mandat de favoriser la confiance des investisseurs dans le marché, et non pas d'obtenir le remboursement des dommages réels. La CVMO a donc considéré que la pénalité imposée était suffisante pour atteindre son objectif premier. Notre démarche vise plutôt à amener les gestionnaires fautifs à rendre compte et à assumer les pertes réelles causées par la pratique qui se déroulait sous leurs yeux et à leur avantage, sachant pourtant ou devant savoir que cette pratique diminuait le rendement des avoirs confiés à eux par leurs clients ordinaires. Nous considérons que le fait d'avoir manqué à l'obligation élémentaire de prendre soin de l'argent des autres, argent qu'ils ont sollicité contre promesses de soins et de rendements, mérite d'être assumé complètement. »

Ce n'est pas une histoire qu'on lirait dans un journal appartenant à Power Corporation, car le Groupe Investors s'y trouve épinglé. Pourtant, les dommages aux investisseurs sont estimés à environ 2 milliards de dollars, alors que Vincent Lacroix, cible de choix des médias québécois, a été condamné pour avoir pris 84 millions de dollars des investisseurs de Norbourg. Si l'estimation des experts du recours collectif est juste, les 84 millions des investisseurs de Norbourg ne font qu'environ 4 % des dommages subis par les investisseurs des fonds communs de placement, dont le Groupe Investors. Le relatif silence des médias appartenant à Power Corporation sur le scandale des fonds communs comparé au bruit assourdissant dans le cas de Vincent Lacroix n'est que le reflet du pouvoir des grands fonds communs et de leurs propriétaires d'imposer le silence et de l'incapacité de Vincent Lacroix de faire pareil.

Voilà un deuxième impact négatif de la concentration de la presse au Québec : on détermine pour nous ce qui est important et ce qui ne l'est pas selon les intérêts du propriétaire.

Pour son livre phare *L'information-opium : une histoire politique de* La Presse de 1973, alors que la concentration de la presse était beaucoup moins grave qu'elle ne l'est aujourd'hui, Pierre Godin a réalisé un sondage auprès des journalistes de *La Presse* et cité à l'appui le mémoire du Syndicat des journalistes de Montréal présenté en 1969 au Comité de l'Assemblée nationale chargé d'enquêter sur la concentration des entreprises d'information. Son constat est d'une étonnante actualité :

« La concentration compte peu d'amis chez les journalistes. Et ceux qui n'y sont point opposés la redoutent tout de même. Pour les principales raisons suivantes : diminution de la liberté d'expression, moins grande sécurité d'emploi, autocensure plus fréquente, perte de confiance du public à leur endroit, asservissement encore plus marqué au commercialisme, dégradation de la qualité de l'information, anonymat d'une direction lointaine et absente. »

S'y ajoutent, observe Godin, les listes noires !

Et lorsque la concentration atteint le point, comme au Québec, où tous les médias ou presque appartiennent aux empires de Power Corporation, de Quebecor, de Radio-Canada et de Corus, on peut ajouter quelques autres raisons de s'y opposer, notamment le comportement de mouton qui fait en sorte que lorsqu'un empire saute sur un sujet, les autres lui emboîtent servilement le pas de crainte de perdre des lecteurs, de voir chuter leurs cotes d'écoute et leurs recettes publicitaires. Cet engouement contagieux pour un sujet, qu'il soit important ou non, s'accompagne de son contraire, le boycottage contagieux de sujets et de personnes. Bref, le bruit qu'un empire fait sur un sujet entraîne généralement un bruit équivalent des autres empires. Et le silence, telle une omerta, engendre le silence. Un silence assourdissant qui s'étend jusqu'aux hommes et aux femmes politiques, dont plusieurs se sont sûrement déjà dit : « Peut-être que j'aurai besoin d'un emploi si je perds mes élections ». Donc, motus et bouche cousue !

***

Lorsqu'on passe en revue l'histoire de la concentration de la presse au Québec depuis 1965, on frémit et on se désole devant notre impuissance collective chronique. Voici une autre observation percutante de Pierre Godin qui date de… 1973 :

« Trudeau et Bourassa ont leurs représentants dans les centres où s'élabore la politique d'information des moyens de diffusion regroupés autour du président de la Power Corporation. Et comme Ottawa a aussi la haute main (de plus en plus pesante) sur Radio-Canada, qu'il s'acharne à mettre à son pas depuis 1968, ne peut-on pas alléguer avec une inquiétude frémissante que la mission d'informer le peuple québécois repose dans les mains d'une même et grande famille : la Power Corporation, le Parti libéral et Radio-Canada. »

Changer quelques noms, ajouter un conservateur ici et là et le texte sera autant d'actualité en 2008 qu'il l'était en 1973.

Notre impuissance collective chronique a atteint le bas-fond en novembre 2000 sous le gouvernement de Lucien Bouchard et du Parti québécois au moment où Power Corporation a acheté de Conrad Black *Le Soleil* de Québec, *Le Quotidien* de Chicoutimi et *Le Droit* d'Ottawa-Gatineau, portant ainsi à 70 % son contrôle de la presse écrite au Québec. Baissant les bras à ras de terre, le vice-premier ministre Bernard Landry, envoyé au front par le premier ministre Lucien Bouchard, a déclaré qu'il fallait se fier à l'éthique capitaliste du groupe qui possédait maintenant 70 % de la presse écrite. Les bras encore plus bas, presque ensevelis, le chef de l'opposition officielle Jean Charest a fait une déclaration qui a sans doute plu aux patrons de Power : « C'est une réalité à laquelle on n'échappe pas. Les marchés exigent que les médias puissent avoir accès à différentes sources. » Plus saisissante et troublante est cette prise de contrôle dès lors que l'on sait que, au moment même où l'empire Desmarais mettait la main sur *Le Soleil* et les deux autres quotidiens, sa société Gesca était en train de conclure une entente secrète de collaboration avec Radio-Canada, qui n'a été dévoilée que sept ans plus tard grâce au travail acharné du rédacteur en chef du journal *Le Québécois*, Patrick Bourgeois. Notons que le Conseil de la radiodiffusion et des télécommunications canadiennes (CRTC) avait déjà barré la route à Power Corporation en 1986 lorsque celle-ci a voulu prendre le contrôle du réseau de Télé-Métropole. Donc, ce que l'autorité réglementaire du gouvernement du Canada a interdit à l'entreprise de Paul Desmarais Power/Gesca, soit de faire converger ses journaux et un grand réseau de télévision au Québec, une autre ramification du même gouvernement, la Société Radio-Canada, en a permis la réalisation, mais en secret, à l'abri même du regard des journalistes et du régulateur.

Par l'entente secrète qui date du 18 janvier 2001, complétée par une série d'autres ententes spécifiques mais encore secrètes, *La Presse* et la radio et la télévision françaises de Radio-Canada :

> « ont convenu d'unir leurs efforts dans des domaines
> clés de leurs activités de façon à créer des synergies et

à augmenter, par une action complémentaire, leur impact dans l'environnement médiatique actuel. Cette collaboration s'effectuera principalement dans les deux domaines suivants : (i) la promotion croisée et (ii) l'Internet, ces concepts étant définis ci-dessous. De plus, les parties s'entendent pour poursuivre leurs discussions pour collaborer et mettre en commun leurs ressources dans de nouveaux champs d'action communs tels [sic] (iii) la production de contenus, la création et la mise en marché de nouveaux produits médiatiques, et l'organisation d'événements culturels et sociaux. »

Plus loin, l'entente précise que ce n'est pas seulement *La Presse* qui est concernée, mais tout le groupe Gesca. « De même, la présente entente pourra s'étendre à toute compagnie ou entité appartenant au groupe Gesca ltée, à ses principales affiliées ou sociétés liées, avec l'approbation préalable des deux parties. » Et l'entente réitère qu'il s'agit d'une entente confidentielle et que les parties ne peuvent en dévoiler la teneur ni celle de toute entente spécifique qui en découle.

Qui dit collaboration en production de contenus dit collaboration éditoriale ! Qui dit « promotion croisée » dit nécessairement promotion croisée sur le plan éditorial ! Mais un problème grave persiste. Ce problème qui devrait préoccuper tout journaliste sérieux mais aussi le régulateur qui avait déjà empêché Power/Desmarais de prendre le contrôle d'un réseau de télévision privé, c'est que cette entente gardée secrète pendant sept ans est complétée par toute une série d'ententes spécifiques que les deux parties s'acharnent encore aujourd'hui à garder secrètes.

Si l'entente divulguée par *Le Québécois* reste dans les généralités, la preuve de son impact se trouve notamment dans les statistiques révélées par le Syndicat des communications de Radio-Canada. Celui-ci a révélé que, en 2007 seulement, une intervention sur trois à la télé ou à la radio de Radio-Canada a été faite par un journaliste de *La Presse* ou d'un autre journal de Gesca.

Est-on vraiment obligé de baisser les bras devant cette concentration des médias ? La réponse est non ! Les précédents sont nombreux, mais la volonté politique, le courage, ont trop souvent fait défaut. Ironiquement, c'est le cas de *La Presse*, achetée par Paul Desmarais en juillet 1967, et celui du *Soleil*, qu'il n'a pas réussi à acheter en 1973 ni en 1987, qui illustrent joliment qu'un gouvernement n'est pas impuissant devant la concentration des médias.

Préoccupée par le droit du public à l'information, l'Assemblée nationale du Québec – appelée Assemblée législative jusqu'en 1969 – a légiféré pas moins de trois fois au sujet du journal *La Presse* : février 1955, mai 1961 et août 1967. La dernière législation est celle qui a permis à Paul Desmarais d'acheter ce journal qu'il avait déjà dans sa mire depuis la fin de 1965. Il avait même fait des démarches auprès du premier ministre Lesage, dont le gouvernement en 1961 avait interdit la vente de *La Presse* avant 1975, car il craignait l'acquisition du journal par des intérêts étrangers. Pour réussir cette acquisition de *La Presse*, Paul Desmarais a promis au premier ministre Lesage que le journal resterait indépendant des partis politiques – promesse qu'il ne tient plus depuis longtemps vu son appui indéfectible au Parti libéral du Québec. Et quand Jean Lesage et le Parti libéral ont été battus par Daniel Johnson aux élections de 1966, Paul Desmarais a dû recommencer son lobby politique auprès du premier ministre Daniel Johnson en réitérant que *La Presse* resterait toujours indépendante des partis politiques. La loi autorisant l'achat de *La Presse* par la société de portefeuille de Paul Desmarais, la société Gelco, est entrée en vigueur le 12 août 1967. Cette nouvelle loi, tout comme celle de 1961, était inspirée par une crainte que le plus important quotidien français d'Amérique passe sous contrôle étranger. Il s'agit là d'une préoccupation politique légitime, comme il est aussi légitime de se préoccuper de la concentration de la presse aujourd'hui et de prendre les moyens nécessaires pour y mettre fin. C'est même cette loi de 1967 qui explique la naissance de la société Gesca. Car, en prenant le contrôle de Power Corporation en mars 1968, Paul Desmarais ne possédait que 31 % des droits de vote. Il aurait violé la loi québécoise s'il avait mis *La Presse* sous la houlette de Power Corporation. Par conséquent, pour respecter la loi, il a créé Gesca en 1968, une filiale à part entière de Gelco, dont il possédait 75 % des actions.

Bref, pour des questions d'ordre politique, l'Assemblée nationale du Québec a bien voulu accorder à Paul Desmarais le droit de contrôler le quotidien *La Presse* un peu comme si celui-ci en était le fiduciaire. En décembre 1975, d'ailleurs, Paul Desmarais a reconnu dans son témoignage qu'il n'était que le fiduciaire de *La Presse*. Voici l'échange en anglais entre le président de la commission royale d'enquête sur les groupements de sociétés, Robert B. Bryce, et Paul Desmarais :

> « CHAIRMAN : *As I take it then, really you have been made in effect by the National Assembly rather a Trustee for* La Presse, *is that fair?* ("Si je comprends bien, en fait, l'Assemblé nationale vous a effectivement confié *La Presse* comme un fiduciaire, est-ce juste?")

> « MR. PAUL DESMARAIS : *I think so yes.* ("Oui, je pense que c'est ça.") »

L'intérêt de cette législation et de l'échange entre le président de la commission royale de 1975 et le président de Power Corporation se trouve dans la reconnaissance du pouvoir de l'Assemblée nationale de légiférer sur le contrôle de la presse écrite afin de protéger les intérêts du public. Par ailleurs, une fiducie est un transfert temporaire de propriété fondé sur la confiance que celui qui fait le transfert a en celui à qui il accorde ce droit de gestion. Le transfert peut évidemment être révoqué quand la confiance est rompue. Dans le cas qui nous concerne, vu le bris de confiance résultant d'une trop forte concentration des médias d'information et la « partisanerie » crasse du journal *La Presse*, l'Assemblée nationale pourrait décider de retirer sa confiance en Power Corporation.

Le cas du *Soleil* est également intéressant. Par deux fois, Paul Desmarais a tenté de mettre la main sur le grand quotidien de la capitale, et par deux fois Robert Bourassa lui a bloqué le chemin. D'abord, en 1973, quand le patron de Power a voulu faire passer à 70 % son contrôle de la presse écrite de langue française au Québec en achetant *Le Soleil*. Robert Bourassa a menacé d'adopter une loi spéciale pour l'en empêcher. Qui plus est, l'ancienne propriétaire du *Soleil*, la famille Gilbert, a dû se contenter d'une perte de un million de dollars, car le prix de vente à Jacques Francœur d'Unimédia, que Robert Bourassa approuvait, était de 9 millions de dollars, alors que Paul Desmarais et la chaîne Southam offraient 10 millions. Tout ça pour éviter que l'Assemblée nationale ne vote une loi spéciale qui aurait vraisemblablement été adoptée à l'unanimité ou presque, compte tenu de la teneur des délibérations d'une commission parlementaire sur la liberté de la presse mise sur pied par le premier ministre Bourassa. Car Robert Bourassa et le Parti libéral, qui gouvernaient avec 102 des 110 députés à partir du 29 octobre 1973, craignaient que l'opinion publique québécoise n'accepte pas une telle concentration de la presse écrite entre les mains d'un seul homme. Ce scénario s'est répété en 1987 lorsque *Le Soleil* a été de nouveau mis en vente. Robert Bourassa, de retour à la barre comme premier ministre, a dit non à son ami Paul Desmarais, ce qui a laissé la porte ouverte à Conrad Black, président du groupe Hollinger. Conrad Black a été propriétaire du *Soleil* jusqu'à fin 2000. Et quand Paul Desmarais a rappliqué la troisième fois, c'est Lucien Bouchard, chef du Parti québécois, qui a baissé les bras et fait confiance à « l'éthique capitaliste » de Paul Desmarais.

Ce bref regard sur deux des principaux quotidiens du Québec démontre que, en ce qui a trait à la presse écrite, l'intérêt public prime sur le droit de quelques-uns de posséder tous les moyens d'information écrits, de même que sur le principe du sacro-saint marché et sur cette liberté d'expression de pacotille dont seule une poignée de personnes peut se prévaloir. L'intérêt public prime, toutefois, à la condition que les hommes et les femmes politiques décident de le faire primer. Notons que nous parlons ici surtout de la presse écrite, car en ce qui a trait à la radio et à la télévision, même si le Québec fait figure de quémandeur à genoux auprès d'un CRTC qui relève du gouvernement canadien, il est reconnu depuis fort longtemps que le gouvernement doit les réglementer. Mais aussi car nous sommes d'avis que c'est la presse écrite, par sa nature permanente, qui donne le ton à l'information publique et que les médias électroniques en sont généralement tributaires, souvent guère plus que des boîtes de résonance répercutant les nouvelles présentées dans la presse écrite.

Dans un élan d'idéalisme peu avant son décès, feu Jacques Guay a écrit :

« Posséder un média, c'est renoncer à s'en servir pour ses propres intérêts. C'est détenir un privilège, celui de donner un service public fondamental. Plus fondamental encore que le service rendu par une compagnie de téléphone ou de transport. Et pourtant, cette industrie, celle de l'information est l'une des moins réglementées et surveillées. Les propriétaires de médias sont des intouchables au nom d'une liberté d'expression appartenant à tous et chacun ; pour ne pas dire qu'ils l'ont expropriée, parce qu'ils en ont les moyens. »

Et il note au sujet plus particulier de la presse écrite qu'elle « est le véritable royaume de l'entreprise privée, qui y jouit de la liberté la plus entière au détriment même du droit à l'information reconnu aux citoyens par la Charte québécoise des droits et libertés. Rien, en effet, ne réglemente la presse écrite, si ce n'est la possibilité de poursuites civiles en dommages et intérêts pour ceux qui y sont diffamés. »

Notre impuissance collective chronique devant la concentration des médias fait frémir d'autant plus qu'il y a peu de sujets qui ont fait l'objet, à Québec comme à Ottawa, d'autant de commissions d'enquête, de commissions parlementaires, de comités sénatoriaux, tous ayant abouti à des rapports volumineux et détaillés, comportant parfois des recommandations qui, si elles avaient été mises en œuvre, auraient amélioré considérablement le paysage médiatique. Mais elles n'ont jamais été mises en œuvre ! Doit-on s'étonner que la population soit désabusée de la politique ?

Nous avons rappelé dans les premières pages que c'était l'achat de *La Presse* par Paul Desmarais, suivi de la possible acquisition par lui du *Soleil* et du *Droit*, qui a amené le premier ministre Jean-Jacques Bertrand, à la suite d'une motion du député Yves Michaud, à créer le Comité de l'Assemblée nationale chargé d'enquêter sur la concentration des entreprises d'information. Ne voulant pas se faire damer le pion par Québec, Ottawa a suivi en créant le Comité spécial du Sénat sur les moyens de communication de masse présidé par le sénateur Keith Davey. Paul Desmarais a donc l'insigne honneur d'avoir provoqué la création de deux comités d'enquête sur la concentration des médias qui, malgré leurs savantes études et bonnes observations, n'ont fait au mieux que retarder la mainmise du patron de Power Corporation sur la grande majorité des médias écrits du Québec. Mais il peut aussi se targuer d'avoir été à l'origine de la Fédération professionnelle des journalistes du Québec et du Conseil de presse du Québec, tous deux créés dans le grand émoi qui a suivi la montée en puissance de Power Corporation dans le secteur des médias et dans la perspective de faire contrepoids à la concentration. Le Conseil de presse a été fondé en 1973, la Fédération professionnelle des journalistes du Québec, en 1969. En ce qui concerne cette dernière, fondée au moment où la contestation de la concentration de la presse et de l'empire Power atteignait un sommet, il est plus que navrant de constater que Gesca est devenue l'un de ses deux principaux commanditaires, l'autre « partenaire d'argent » étant... Radio-Canada ! L'habilité légendaire des uns – l'empire Desmarais en l'occurrence – n'a d'égal que l'angélisme désolant des autres. Comment peut-on s'attendre aujourd'hui, de la Fédération professionnelle des journalistes, à des critiques sérieuses de ces deux monstres de l'information ?

Ni les deux enquêtes parlementaires de la fin des années 1960 ni la commission royale d'enquête sur les groupements de sociétés créées en 1975 à la suite de la tentative de prise de contrôle d'Argus par Paul Desmarais, ni même la commission royale sur les quotidiens créée en 1980 (commission Kent), n'ont abouti à autre chose que des projets de loi morts au feuilleton. La commission Kent a pourtant fait des recommandations particulièrement intéressantes, même si elles sont très affaiblies par une vision « d'un océan à l'autre » qui ne tient pas compte des besoins spécifiques du Québec. À titre d'exemple, la loi sur les journaux qu'elle a proposée devait « renfermer des dispositions visant à prévenir toute nouvelle concentration et à réduire les pires aspects de celle qu'on a tolérée jusqu'ici ». Parmi les critères proposés pour empêcher l'acquisition de journaux par une société, cette commission fixait à 5 % de tous les quotidiens du Canada (calculé sur une base hebdomadaire) le maximum qu'une seule société pouvait détenir. Elle proposait aussi qu'une société ne pourrait détenir deux journaux dont l'endroit de publication était à moins de 500 kilomètres l'un de l'autre. Appliqués au Québec, ces critères pourraient mettre rapidement fin à la concentration de la presse écrite. Une distance de 260 kilomètres sépare Montréal de Québec. Si vous possédez un journal à Montréal, vous ne pourrez pas en détenir un autre à Québec, ni à Trois-Rivières, ni à Sherbrooke, et ainsi de suite. En 1995, le premier ministre Jacques Parizeau a abondé dans ce sens, d'ailleurs, quand il a proposé tout simplement que les trois grands propriétaires de journaux, Paul Desmarais, Pierre Péladeau et Conrad Black, ne gardent qu'un seul journal chacun et se départissent des autres. On sait, toutefois, que c'est le contraire qui s'est produit.

Le professeur Robert Hackett de l'Université Simon Fraser à Vancouver a noté qu'« au milieu des années 1990, le Canada possédait la distinction peu reluisante d'avoir le plus haut degré de concentration de la presse dans le monde industriel. » Beaucoup plus qu'aux États-Unis ! Déjà en 1970, par ailleurs, le Comité Davey sur la concentration des médias avait constaté que « c'est au Québec que la concentration est le plus avancée » au Canada. Ce constat s'est amplifié sans cesse depuis 1970. Étonnant n'est-ce pas que les journaux de Gesca, d'habitude si friands de comparaisons entre le Québec et les autres provinces, n'aient jamais creusé ce sujet ? Au Canada, on se scandalise du fait que 66 % des quotidiens appartenaient à des chaînes de médias en 1970 et que ce chiffre soit passé à 88 % en 1995 et, ensuite, à 95 % en 1999. Au Québec, ce sont tous les quotidiens, sauf *Le Devoir*, qui appartiennent à des chaînes, et une seule chaîne en possède 70 %.

Le Québec ne peut toutefois s'attendre à quoi que ce soit d'Ottawa à l'égard de la concentration des médias au Québec pour la simple raison que le principal concentrationnaire au Québec est aussi le plus fidèle allié d'Ottawa. Cette alliance sacrée est d'ailleurs le catalyseur de la concentration de la presse écrite entre les mains des patrons de Power Corporation. Et Paul Desmarais ne l'a jamais caché. Il a acheté *La Presse* dans le but d'en faire un journal résolument opposé à la souveraineté du Québec et à tout bouleversement social et économique qui est aussi, selon lui, un principe fondamental du mouvement souverainiste.

En cela, comme l'a démontré Pierre Godin en 1973, Paul Desmarais a poursuivi une tradition. La concentration de la presse au Québec trouve son origine dans la montée du nationalisme au Québec. Le précédent le plus éclairant est celui des années 1930 où le Parti libéral a constitué, sous l'égide de Jacob Nicol et avec l'aide financière du gouvernement libéral, une armada médiatique comprenant *Le Soleil*, *L'Événement*, *Le Nouvelliste*, *La Tribune* et *La Patrie*, laquelle est venue épauler *La Presse* et *Le Canada*, déjà fidèles au Parti libéral. Le nationalisme que le Parti libéral et ses journaux combattaient à ce moment-là était dirigé par l'Action libérale nationale et inspiré surtout par une campagne contre le trust de l'électricité et en faveur de la nationalisation des grands monopoles électriques. Selon les journaux ainsi concentrés, la nationalisation de l'électricité était une « mesure socialiste, voire communiste ». Sous leurs feux groupés, la commission d'enquête Lapointe constituée par le gouvernement Taschereau a rejeté la nationalisation. Contrairement à la concentration de la presse de nos jours, toutefois, celle des années 1930 s'est estompée dans les années suivant la victoire électorale de Maurice Duplessis en 1936. Celle amorcée par Desmarais en 1967 ne s'est jamais démentie. La concentration des années 1930 avait cependant fait mouche, car elle a réussi à faire retarder de 30 ans la nationalisation de l'électricité.

Paul Desmarais, pour sa part, qui selon Pierre Godin fait de Jacob Nicol « un pygmée », a réorienté la politique éditoriale de *La Presse* pour qu'elle se conforme à sa vision du Canada dès qu'il a mis la main sur ce journal. De l'institution « irrévocablement dévouée aux intérêts canadiens-français » qu'elle était jusqu'à la prise de contrôle de Desmarais, *La Presse* est devenue sous lui d'abord une « entreprise canadienne avant d'être d'expression française ». Le changement était majeur, surtout à la lumière de la redéfinition profonde de l'identité québécoise qui s'effectuait à ce moment. Sous l'impulsion de mouvements massifs et diversifiés dans toute la société québécoise, le terme « Canadien français » faisait place à celui de « Québécois », qui décrivait un peuple, une nation et un territoire. La réorientation de la mission de *La Presse* ne laissait planer aucun doute sur les intentions éditoriales du nouveau patron, ce que viennent confirmer, d'ailleurs, de nombreux témoignages de Paul Desmarais lui-même devant les diverses commissions ainsi que les quelques entrevues qu'il a accordées.

Devant le comité sénatorial, le 24 février 1970, Paul Desmarais et son associé Jean Parisien ont précisé deux fois plutôt qu'une qu'ils ne permettraient jamais à leurs journaux d'appuyer de quelque manière que ce soit le parti dirigé par René Lévesque ou la souveraineté, entre autres parce que «nous représentons des entreprises canadiennes et ce serait sûrement aller à l'encontre de nos lignes de conduite et de celles de nos directeurs et de nos présidents que d'encourager le séparatisme.» Paul Desmarais : «[…] si l'un de nos journaux devenait séparatiste, il nous faudrait intervenir. […] nous parlerions au président de la société en cause, lui demandant de nous expliquer pourquoi il s'est écarté des normes.»

Au cœur de ce séparatisme contre lequel il voulait se battre en achetant *La Presse* se trouve également la révolution sociale. Dans une longue entrevue accordée à *The Gazette* le 10 décembre 1971 pendant la grève de *La Presse*, Paul Desmarais a donné un aperçu du rôle qu'il tenait à faire jouer par son journal et, par extrapolation, à son empire médiatique :

> « PAUL DESMARAIS : [La Presse] n'avait même pas de ligne fédéraliste quand j'ai pris le contrôle.

> « *THE GAZETTE* : Est-ce que cela veut dire qu'il devrait y en avoir une ?

> « PAUL DESMARAIS : Oui, j'ai senti que, sans contrôle de la politique éditoriale, le journal pouvait facilement se conformer aux caprices de celui qui était là, qu'il y avait un groupe qui pouvait prendre le contrôle du point de vue de l'information.

> « *THE GAZETTE* : Vous voulez dire les séparatistes ?

> « PAUL DESMARAIS : Oui. Mais pas seulement les séparatistes. Il y a beaucoup de violence au Québec. Tout est en ébullition… Le congrès de la FTQ cette semaine en est la preuve…

« *THE GAZETTE* : [...] Pensez-vous qu'il s'agit d'une révolution sociale au lieu d'une révolution linguistique?

« PAUL DESMARAIS : Je pense que la langue en fait partie, mais je pense que le but final, c'est la révolution sociale. »

Dans cette entrevue, Paul Desmarais livre aussi une tirade contre les syndicalistes, dont Louis Laberge, président de la FTQ, qui, selon lui « fait du chahut », les journalistes, qui seraient trop émotifs au Québec contrairement à ceux du Canada anglais, et les nationalistes, qui veulent mettre le Québec dans un ghetto. Il est intéressant de constater que Paul Desmarais a dit sensiblement la même chose au sujet du Québec, des médias et des syndicats en 2008, 37 ans plus tard, dans l'entrevue qu'il a accordée à l'hebdomadaire français *Le Point*. Non celle qui a été publiée, mais celle qu'il a donnée avant que ses censeurs de Power Corporation ne la réécrivent :

LE POINT : **À défaut de faire de la politique vous êtes un patron de presse...**

PAUL DESMARAIS : **Tous les journaux du Québec [...] sont séparatistes.**

LE POINT : **Vous n'avez qu'à racheter d'autres journaux, vous avez les moyens...**

PAUL DESMARAIS : **On ne peut pas. Ils sont souvent possédés par des fondations derrière lesquelles se cachent des nationalistes et des syndicalistes.**

LE POINT : Quelle est la ligne éditoriale de *La Presse*?

PAUL DESMARAIS : C'est mon fils André qui est chargé de *La Presse*. Notre position est connue : nous sommes fédéralistes. Ça nous a valu des conflits très durs. Au final, on est arrivé à un compromis : je ne dois pas intervenir dans le journal. Le point de vue des séparatistes peut apparaître, mais la ligne éditoriale est fédéraliste. Il n'y a pas d'ambiguïtés. Si le Québec se sépare ce sera sa fin. **Les séparatistes nous conduisent à la dictature des syndicats...** [Note : les extraits ci-dessus en gras ont été supprimés par Power Corporation].

De cette entrevue de 2008, comme celles du début des années 1970, il ressort clairement, pour Paul Desmarais, que son empire médiatique doit servir à faire accepter sa vision unitaire et anti-souverainiste du Canada ainsi que sa vision anti-syndicale et anti-changement social. C'est exactement ce que son adjoint Claude Frenette a déclaré à un agent de l'ambassade des États-Unis six mois après que Paul Desmarais ait acheté *La Presse* : « Power Corporation a l'intention d'utiliser le réseau de télévision et de presse qu'elle contrôle au Québec pour aider à battre le séparatisme à l'aide d'opérations de propagande subtile. » Celui qui contrôle le journal fait passer son opinion non seulement à la page éditoriale, mais aussi dans l'information qui y paraît « à l'aide d'opérations de propagande subtile ». C'est pour cela que Paul Desmarais a répondu qu'il achèterait d'autres journaux s'ils le pouvaient et si les « **nationalistes et syndicalistes** » ne se cachaient pas derrière les fondations auxquelles ils appartiennent. La référence ici est au *Devoir*, seul journal qui appartient à une fondation, que Paul Desmarais aurait aimé contrôler aussi. Et c'est pour contrôler l'information que Paul Desmarais a voulu empêcher que les nationalistes ou des syndicalistes dirigent les journaux du Québec en 1970, car leurs opinions se seraient répercutées dans l'ensemble du journal. À bon entendeur, salut ! Ce qui vaut pour les uns ne vaut-il pas pour les autres ? Le clan Desmarais le sait fort bien : cette fameuse étanchéité qui séparerait la page éditoriale d'un journal de ses pages d'informations n'existe que dans l'esprit du naïf ou dans celui que Neruda appelle le « froussard embauché pour faire l'éloge des mains sales et qui mâchonne avec enthousiasme les déjections du souverain ».

Notons aussi que les journaux de Gesca ne sont que des « bineries », dans le grand portrait financier de Power Corporation, pour reprendre l'expression d'un ancien haut dirigeant de la Caisse de dépôt et de placement. Des « bineries » dont les états financiers sont jalousement gardés secrets des yeux mêmes des actionnaires de Power Corporation. Pourquoi tant de secret, même si cela coûte des millions de dollars en frais juridiques engagés pour s'opposer à la demande du Mouvement d'éducation et de défense des actionnaires, le MEDAC, présidé par Yves Michaud ? La raison donnée pour refuser d'acquiescer à cette demande d'actionnaires de Power, c'est que ce serait préjudiciable devant la concurrence. Or, les seuls journaux qui concurrencent ceux de Gesca sont ceux de Quebecor, le *Journal de Montréal* et le *Journal de Québec*. Ces deux journaux divulguent leurs états financiers chaque trimestre.

Donc, de deux choses l'une, note Yves Michaud : les journaux de Gesca sont déficitaires ou profitables. Aux yeux des actionnaires, il va de soi que s'ils sont déficitaires, ils doivent être vendus. Et si Power cachait les états financiers de Gesca parce que ces journaux sont déficitaires, on devrait conclure que les journaux servent à autre chose qu'à fournir un rendement sur l'investissement. Bref, si les journaux de Gesca sont déficitaires, leur rôle dans le grand empire de Power Corporation est devenu celui d'une division qui pourrait s'appeler : Gesca, une division de Power Corporation, Communications, Relations publiques et Lobbying.

13

Ce qui est bon pour Power Corporation...

> *Cette énorme opération de manipulation*
> *des masses par l'argent qui est aux mains du pouvoir*
> *parce que le pouvoir est aux mains de l'argent...*
> *Mais qui manipule ? Sinon ceux qui n'ont*
> *d'autre intérêt que l'argent pour le pouvoir*
> *et que le pouvoir pour l'argent.*
>
> PIERRE PERREAULT, *De la parole aux actes*

Ce qui est bon pour Power Corporation est bon pour le Québec! Voilà ce que prétendent depuis des lunes les Desmarais, leurs partisans et leurs publicistes. Ils l'ont dit chaque fois qu'ils se sont présentés devant des commissions d'enquête. Ils l'ont régulièrement dit aux journalistes lorsqu'ils ont daigné leur parler. Leur richesse nous fait du bien. Faisons-en l'éloge, comme le fait Alain Dubuc, comme l'a fait Lucien Bouchard quelques mois après avoir quitté son poste de premier ministre: « Je trouve même qu'ils ne sont pas assez gros! » Mais est-ce vrai? Les intérêts de Power Corporation vont-ils de pair avec les intérêts du Québec? Ce n'est pas évident du tout. Pour s'en rendre compte, il faut d'abord identifier les intérêts de Power Corporation aujourd'hui en se rappelant que ce sont les intérêts qui définissent la politique.

Comme nous l'avons démontré, en termes d'intérêts et d'activités au Québec, Power Corporation n'est plus un joueur important depuis 1989 quand Paul Desmarais a vendu la Consolidated-Bathurst et le Montréal Trust. À l'exception des journaux de Gesca, du siège social de Power et des divers domaines aristocratiques de Sagard et du lac Memphrémagog, la famille Desmarais est active partout, sauf au Québec. En effet, la vente de ces deux entreprises québécoises a propulsé Power Corporation sur la scène internationale en lui donnant les moyens de s'implanter principalement en Europe par l'entremise de la société Parjointco, fondée en 1990 de concert avec le financier belge Albert Frère, qui contrôle Pargesa et le Groupe Bruxelles Lambert. À ce sujet, il est utile de rappeler le commentaire de Claude Béland, ancien président du Mouvement Desjardins et membre de la commission Bélanger-Campeau, qui déplorait en 1993 que Robert Bourassa comptait le plus souvent sur les conseils d'hommes d'affaires qui n'étaient plus présents au Québec. « Le pire, disait Béland, c'est que ceux qui conseillent [Robert Bourassa] sont ceux qui n'ont rien à perdre sur le plan économique, ceux qui n'ont pas besoin de changement constitutionnel pour continuer à faire de bonnes affaires. Desmarais, lui, quand il s'aperçoit que c'est plus rentable en Europe qu'au Québec, il va mettre son argent en Europe. Il se fout bien du Québec. »

Les intérêts de Power Corporation en Europe se trouvent principalement dans le domaine du pétrole et du gaz, soit dans le quatrième pétrolier au monde, Total, et la société gazière GDF Suez, qui est entre autres le premier fournisseur mondial de gaz naturel liquéfié (GNL). Selon les données officielles de Power Corporation d'avril 2008, le marché européen comptait pour 33 % des revenus de l'entreprise.

Après la vente de la Consol, dans un premier temps, les dirigeants de Power Corporation ont même donné l'impression qu'ils tournaient le dos autant au Canada qu'au Québec. Le revirement a eu lieu en 1997 lorsque Power Corporation, par l'entremise de la Financière Power et la Great-West, a mis la main sur la London Life dans un face-à-face avec l'ancien parrain de Paul Desmarais, la Banque Royale. Ensuite, avec l'acquisition de la compagnie d'assurances la Canada-Vie par la Great-West en 2003, la famille Desmarais s'est donné la plus importante société d'assurances au Canada, qui possède également d'importantes antennes aux États-Unis. Dans la même période, le Groupe Investors, qui est contrôlé par la Financière Power, a acquis la Corporation Financière MacKenzie, pour créer ainsi le plus important groupe de fonds communs de placement au Canada, la Financière IGM. Par la suite, en 2007, Power a acheté la société d'investissement Putnam de Boston, grâce à la Great-West Life, pour intensifier ses activités de gestion de fonds communs de placement et d'assurances aux États-Unis.

En somme, sur l'actif total de Power Corporation, qui se chiffrait à environ 133 milliards de dollars en avril 2008, la Great-West Life, la Financière IGM et Parjointco comptaient pour 98 % de l'actif total de Power et près de 100 % des revenus. Ces trois entreprises sont contrôlées par la Financière Power. Parmi les autres intérêts de Power, ou les « bineries » comme disent certains, figurent Gesca, CITIC en Asie et autres.

Les vaches à lait de Power Corporation, celles qu'il faut préserver, protéger et cajoler par tous les moyens disponibles, sont donc, dans l'ordre, la Great-West Life et la Financière IGM (Investors) et Parjointco. La Great-West et le Groupe Investors sont d'abord et avant tout des entreprises canadiennes-anglaises ayant leur siège social à Winnipeg. Elles sont tellement importantes au sein de la Financière Power qu'on dit dans certains milieux, et même dans *La Presse* du 1er août 2008, que le siège social de la Financière Power est à Winnipeg aussi. Qui plus est, ces entreprises d'assurances et de gestion financière mesurent leur pénétration et leur force notamment par le nombre d'assurés et les effectifs de vente et de planification financière et, par conséquent, elles sont extrêmement sensibles aux humeurs politiques de la population qu'elles desservent. Sur ce plan, elles diffèrent considérablement de beaucoup d'entreprises industrielles dont les clients sont d'autres entreprises ou des gouvernements. Sur le plan des investissements aussi, ces entreprises auront tendance à passer par-dessus le Québec. Déjà en 1997, Rosaire Morin, directeur de *L'Action nationale*, avait démontré que le Groupe Investors, quoique contrôlé par Paul Desmarais depuis 1970, persistait à traiter le Québec comme guère plus qu'un pays du tiers-monde en le boudant ou presque. Sur les 20 milliards de dollars de placement au 31 décembre 1995, l'Ontario et l'Alberta recevaient près de la moitié tandis que le Québec recevait un peu plus de 5 %. En ce qui a trait au marché obligataire gouvernemental, Investors détenait 1,6 milliard de dollars en obligations du gouvernement du Canada alors qu'il n'avait qu'un millième de ce montant en obligations du Québec, soit un maigre 2 millions de dollars.

Dans de telles entreprises canadiennes-anglaises, inscrites à la Bourse de Toronto, ayant leur siège à Winnipeg, quel dirigeant permettrait que la politique québécoise vienne troubler le ronron des affaires ? Dans un Canada où le poids démographique du Québec pèse de moins en moins dans la balance – il tombera bientôt sous la barre de 20 % de la population canadienne –, quel dirigeant de Power, même Henri-Paul Rousseau, va oser traiter le Québec comme autre chose qu'une sous-région ou qu'une grosse province maritime ? Quel dirigeant verrait comme autre chose que des vétilles de velléitaires les soi-disant « intérêts supérieurs du Québec » ? Il n'en aura rien à cirer. Pas étonnant alors de constater que Power Corporation a approuvé, par un silence officiel assourdissant jumelé à un appui éditorial, l'acquisition de la Bourse de Montréal par la Bourse de Toronto.

Ses intérêts étant dominés par les assurances et la gestion de la richesse, Power Corporation a également intérêt à se doter d'une banque. Dans les années 1980, selon un ancien haut fonctionnaire de la Caisse de dépôt et de placement, Paul Desmarais voulait acheter la Banque Nationale, principale banque desservant les petites et moyennes entreprises québécoises. Des modifications récentes à la Loi sur les banques font en sorte que la Banque Nationale est maintenant achetable ! En effet, comme l'a démontré Jacques Parizeau lors d'une conférence en février 2008, Ottawa a modifié la Loi sur les banques pour qu'un seul actionnaire puisse détenir jusqu'à 65 % de la Banque Nationale. En revanche, Ottawa a fixé le plafond à 20 % pour les cinq grandes banques canadiennes dont le siège effectif est à Toronto, soit la Banque Royale, la CIBC, la Toronto Dominion, la Banque de Montréal et la Banque Scotia. La porte est donc ouverte pour Power Corporation.

Autre attrait d'une banque : l'occasion de prendre de l'expansion dans la gestion des fonds communs de placement (ce qu'on appelle à tort « fonds mutuels »). En effet, depuis quelques années, les banques occupent une place de plus en plus importante dans l'industrie des fonds communs de placement. À titre d'exemple, la filiale de la Banque Royale RBC

Gestion d'actifs a supplanté le Groupe Investors, qui appartient à la Financière Power, au premier rang des fonds communs de placement, alors qu'Investors avait été le plus important dans le domaine depuis des décennies. Une banque présente plusieurs avantages, dont un réseau et des infrastructures, des services sans frais de commission et des frais de gestion de fonds inférieurs aux groupes spécialisés. Avec la Banque Nationale dans son écurie, Power pourra reprendre la tête du peloton dans l'industrie lucrative de la gestion de la richesse des autres.

Rappelons aussi ce que Peter C. Newman a écrit sur le rôle des banques : « [L]es hommes qui dirigent les banques du Canada règlent l'économie de la nation. Ils choisissent celui qui réussira et celui qui échouera, agissant comme des arbitres du système ». Voilà un rôle que Power Corporation possède déjà dans certains domaines, mais qu'il voudrait bien étendre à d'autres : décider qui réussira, qui échouera, et être arbitre du système.

Les intérêts dominants dans les assurances et dans la gestion de la richesse des autres exigent aussi des politiques qui permettront à leurs entreprises de continuer de croître. Déjà, quand Power a mis la main sur la London Life en 1997, elle vantait qu'elle avait maintenant « la plus grande compagnie d'assurance-vie et maladie au Canada » et qu'avec d'autres opérations, notamment aux États-Unis dans le domaine de l'assurance-maladie et de la retraite, les « bénéfices d'exploitation de la Financière Power et de Power Corporation [ont été portés] à de nouveaux sommets ». La London Life a apporté à la Great-West un grand réseau d'assurés individuels alors que la Great-West comptait surtout des assurances collectives.

Le plus gros des activités de Power dans ces domaines demeure au Canada. Toujours selon les données officielles de Power Corporation, le marché canadien comptait pour 53 % des revenus de l'entreprise, alors que le marché étasunien comptait pour 14 %. Par conséquent, à moins d'acheter d'autres assureurs au Canada, ce qui serait difficile considérant le poids actuel de Power dans ce domaine, la façon la plus facile d'atteindre des sommets encore plus hauts sera de faire des pressions sur le domaine de la santé. D'où l'assaut idéologique et médiatique de

Power Corporation, qui accompagne les assauts juridiques dont celui de l'arrêt Chaouilli de la Cour suprême, contre le réseau et les services de santé publics et pour la mainmise du privé sur ce service essentiel. À titre d'exemple, l'Institut économique de Montréal, présidé par Hélène Desmarais, a été et demeure le fer de lance idéologique du mouvement pour la mainmise du privé sur une partie importante de notre réseau de santé. Et les éditorialistes de *La Presse*, Alain Dubuc et André Pratte en tête, dirigent l'assaut médiatique, notamment en applaudissant l'arrêt Chaouilli en 2005 qui a ouvert la porte aux entreprises d'assurances. Notons que l'Institut économique de Montréal suinte l'hypocrisie dans sa campagne contre le rôle de l'État dans la santé, car ce porte-voix des grandes entreprises privées qui fait constamment l'éloge des riches vit grassement, entre autres, des largesses de l'État. En fait, sur les revenus de plus de 1,5 millions de dollars de l'Institut en 2007, une grande partie vient de l'État, car ce financement provient de dons pour lesquels des reçus officiels ont été fournis à des fins fiscales comme pour un organisme de charité.

Par ailleurs, les grands centres médicaux privés, comme ceux des États-Unis, sont de véritables mines d'or pour les entreprises d'assurances, mais aussi pour les fonds communs de placement. Exploitant l'insécurité des gens envers une détresse médicale, les assureurs peuvent convaincre la population, et surtout ceux qui ont des moyens, de dépenser énormément d'argent pour des polices d'assurances blindées en or, dans l'esprit du « au cas où ». Tout peut être couvert par les assurances. Ceux qui feront vraiment grossir les coffres des assureurs sont, bien sûr, les riches. En ce sens, le Québec a sans doute fait plaisir à Power Corporation en décidant de faire deux hôpitaux universitaires à Montréal au lieu d'un seul comme c'est le cas dans d'autres grande villes comme Toronto ou Chicago. Cette décision insensée aboutira à un gaspillage de fonds publics sans précédent et, vu la saignée de ces fonds, une entrée massive du privé dans la santé au Québec à tous les niveaux. Mais les riches n'aiment pas côtoyer les pauvres ni les paumés et les pouilleux de la société. D'où l'acharnement de l'empire Desmarais pour faire bâtir le Centre hospitalier de l'Université de Montréal, le CHUM, sur le site de la gare d'Outremont plutôt que sur celui de l'Hôpital Saint-Luc dans le bas de la ville de Montréal. Paul Desmarais négociait, pour l'Université de Montréal, l'acquisition du site de la gare d'Outremont, et Hélène Desmarais s'est activée sur toutes les tribunes. Lorsque le gouvernement du Québec en a décidé autrement, le clan Desmarais semble avoir décidé de bouder le CHUM et son financement. Selon la liste des grands donateurs à la campagne de financement, le seul Desmarais qui a donné à la campagne de financement du CHUM en 2006 et 2007 est Paul Desmarais fils. Celui-ci n'a donné qu'un montant figurant entre 500 $ et 3 000 $, parmi les plus bas de la liste des grands donateurs. En revanche, John Rae, vice-président de Power Corporation, figure parmi les organisateurs de la campagne de financement du Centre de santé de l'Université McGill.

En même temps que les assureurs toucheront le gros lot grâce à la privatisation de la santé, les fonds communs de placement compteront sur les centres médicaux privés pour obtenir de gros rendements sûrs.

En somme, la sécurité financière de Power Corporation dépend de l'insécurité croissante de la population: insécurité financière et insécurité médicale. Devant l'insécurité financière croissante aggravée par un État qui n'est plus en mesure de répondre aux besoins de la population, une ramification de Power Corporation comme Investors fera miroiter la sécurité financière moyennant, bien sûr, un investissement souvent subventionné par l'État sous forme de REÉR. À titre d'exemple, dès la jeune vingtaine, les étudiants et travailleurs font l'objet de campagnes visant à leur inspirer la peur de la pauvreté pour les inciter à investir en vue de leur retraite 40 ans plus tard! Devant l'insécurité financière prévue de la jeune génération, la même ramification de Power ou son assureur attitré comme la Great-West, la London Life ou la Canada Life offrira aux parents la sécurité d'une police d'assurance-vie dont les enfants pourront bénéficier. Devant l'insécurité médicale croissante provoquée par un réseau de santé sciemment laissé en friche, les assureurs de Power Corporation sont là pour offrir des polices d'assurances blindées. Toutes ces ramifications veulent votre bien, et elles l'auront!

***

Dans une rare intervention publique en novembre 2007, Edward Johnson, vice-président principal de Power Corporation du Canada, a fait paraître dans plusieurs journaux canadiens une mise au point dans laquelle il niait l'existence de quelque lien que ce soit entre Power Corporation et le projet de port méthanier Rabaska, à Lévis, au Québec. Cette mise au point faisait suite à un article de Pierre Dubuc dans L'Aut' Journal, répercuté par d'autres médias. Pierre Dubuc avait constaté que Power avait intérêt à ce que le port méthanier Rabaska en face de l'île d'Orléans soit approuvé, ce qui expliquait l'appui indéfectible des journaux de Gesca, dont La Presse. La mise au point faite rapidement par Edward Johnson était moins qu'honnête.

Le consortium Rabaska réunit trois entreprises : Gaz de France ou GDF, Enbridge et Gaz Métropolitain. GDF a récemment fusionné avec la société Suez pour former GDF Suez, le plus important fournisseur de gaz naturel liquéfié au monde. En 2007, lorsque Edward Johnson a fait sa mise au point prétendant que « Power Corporation dét[enait] un intérêt économique indirect dans Suez légèrement inférieur à 1 % », le tandem quasi siamois des Desmarais et des Frère avait déjà pris le contrôle effectif de la société Suez. En effet, selon les documents officiels de Suez, à l'issue de l'assemblée générale du 5 mai 2007, Albert Frère, Paul Desmarais fils et Thierry de Rudder étaient membres du conseil d'administration tout en étant, selon la note, « dirigeant[s] ou représentant[s] d'un groupe, le Groupe Bruxelles Lambert, qui détient plus de 10 % des droits de vote de Suez. » Un quatrième membre du conseil de Suez était Jean Peyrelevade, qui a été membre du conseil de Power Corporation pendant de nombreuses années. Quatre membres du conseil sur les 12 membres non salariés, dont six sont qualifiés d'« indépendants » selon les règles de gouvernance françaises. Il n'y a rien de nouveau sous le soleil, Power Corporation a toujours investi là où elle peut prendre le contrôle. Bref, Desmarais et Frères sont les actionnaires de référence !

Cet exercice de vérification des faits est très utile pour identifier les intérêts de Power Corporation. Un exercice similaire relativement au quatrième pétrolier du monde, Total, donne des résultats similaires. Le tandem Desmarais-Frère est ainsi devenu l'actionnaire de référence, ce qui signifie que, même s'il ne bénéficie pas du contrôle absolu, il est en état d'exercer une influence forte sur l'entreprise. En bref, les domaines du gaz et du pétrole occupent le gros des intérêts de Power Corporation en Europe : leur véhicule, le Groupe Bruxelles Lambert, établit le chiffre à 56 %.

Avec de tels intérêts de Power Corporation dans des industries reconnues mondialement comme celles qui contribuent le plus au réchauffement de la planète, on est saisi par un sursaut de cynisme devant la grand-messe que Power Corporation/*La Presse* a organisée pour Al Gore en avril 2008, et surtout l'absence de critique. Personne dans le tout Québec écologiste, culturel, politique et économique qui s'est déplacé pour la grand-messe n'a soulevé la contradiction. Total, qui est entré jusqu'au cou dans les sables bitumineux en Alberta à la mine Joslyn. Total, qui est poursuivi pour sa responsabilité dans le pire déversement de pétrole dans l'histoire de la France. Total, dont l'exploitation pétrolière du delta du Niger, au Nigeria, est constamment contestée. Selon la radio anglaise de Radio-Canada, la filiale de Total au Nigeria, Elf Petroleum Nigeria, fait brûler constamment du gaz à la torche pendant qu'elle pompe le pétrole du sous-sol du delta, de sorte que la corrosion attaque tout dans les environs, y compris la population. Total ne pourrait jamais faire cela en Europe ou en Amérique du Nord, où la réglementation exige que le gaz soit récupéré.

Quand le propriétaire de 70 % de la presse écrite tire une partie importante de ses revenus des industries pétrolières et gazières et, de toute évidence, planche sur ces industries pour l'avenir, on ne peut s'attendre à des enquêtes environnementales sérieuses dans ses médias. Au-delà du « *human interest* » et des coups de semonce à ces terribles coupables qui ne recyclent pas ou qui prennent leur auto pour aller au travail, 70 % de la presse écrite ne touchera pas sérieusement à l'environnement, car pour le faire il faudrait mordre la main qui nourrit.

L'influence des intérêts de Power Corporation s'exerce également sur l'exploration pétrolière et gazière au Québec. En 2002, Hydro-Québec a annoncé qu'elle allait investir 330 millions de dollars jusqu'en 2010 dans l'exploration pétrolière et gazière au Québec, ce qui représentait, selon André Caillé, alors PDG d'Hydro-Québec, «un potentiel intéressant pour l'enrichissement collectif des Québécois». Sous le gouvernement Charest, toutefois, la responsabilité de cette activité a été retirée à Hydro-Québec et confiée au secteur privé. Avec Total et GDF Suez sous son contrôle, Power Corporation est bien perchée pour en tirer tous les bénéfices.

Le pétrole et le gaz, mais aussi l'eau. L'or bleu est une matière de l'avenir sur laquelle GDF Suez, par l'entremise de Suez Environnement et sa filiale La Lyonnaise des eaux, voudrait étendre ses tentacules. On peut donc s'attendre à une surenchère sur l'incapacité du secteur public de gérer les infrastructures municipales d'alimentation en eau. Power et compagnie seront là pour en ramasser les morceaux et nous les payerons.

En somme, la Révolution tranquille a permis au Québec de se doter d'un réseau de services de santé public de qualité, de sociétés d'État capables d'assurer un développement économique équitable et relativement constant, d'infrastructures municipales d'envergure et d'un réseau scolaire et universitaire public remarquable, alors que la règle absolue de l'entreprise privée jusqu'en 1960 avait tenu le Québec dans la pauvreté et l'ignorance. Ce qui est bon pour le Québec, c'est de garder le cap de la Révolution tranquille, de poursuivre dans l'esprit audacieux qui a animé les artisans de cette Révolution, d'améliorer ces réseaux, ces sociétés d'État et ces infrastructures, et d'être à l'affût de toutes les nouvelles occasions qui s'offrent.

En revanche, ce qui est bon pour Power Corporation et ses alliés, c'est de mettre la main sur des pans entiers de l'héritage de la Révolution tranquille. De les gérer dans le seul but de faire croître l'empire Desmarais et de faire porter «les bénéfices d'exploitation de la Financière Power et de Power Corporation à de nouveaux sommets».

Les intérêts de Power Corporation et ceux du Québec sont contradictoires. Il est temps de le reconnaître et d'agir en conséquence.

***

Vient ensuite le cruel jeu de la politique partisane. En 2008, les Power/Desmarais doivent être aux petits oiseaux. À Québec, ils peuvent compter sur un conservateur drapé de couleurs libérales, Jean Charest, tandis qu'à Ottawa, il y a le conservateur Stephen Harper, qui a eu la gentillesse de nommer Paul Desmarais fils à son très sélect conseil consultatif sur l'intégration de l'Amérique du Nord. Un conservateur en attendant que le Parti libéral mette de l'ordre dans sa maison pour reprendre le pouvoir. Le Québec, qui leur pose souvent le plus de problèmes, est particulièrement bien géré, du moins selon les intérêts de Power Corporation. Et Paul Desmarais y aurait été vraisemblablement pour quelque chose dans la transmutation en 1998 de Jean Charest d'un chef du Parti conservateur du Canada en un chef du Parti libéral du Québec. Et dans l'éjection cavalière de l'ancien chef du Parti libéral, Daniel Johnson. Donnons la parole à André Pratte, qui a écrit la biographie de l'énigmatique Jean Charest, *L'énigme Charest* :

> « Certains croient que le père du géant financier Power Corporation, Paul Desmarais, ami de la famille Johnson, aurait suivi tout cela de près. Le milieu des affaires aurait même offert à Charest un « pont d'or », lui garantissant par exemple de payer l'éducation de ses enfants. Enfin, l'ancien premier ministre du Canada, Brian Mulroney, proche à la fois de Paul Desmarais, de Daniel Johnson et de Jean Charest, aurait été mêlé aux manœuvres. »

Ne nous attardons pas trop sur ces ragots si terriblement faux à propos des supposées maisons de Jean Charest à Westmount et à North Hatley ni sur ces fausses histoires de ponts d'or répandues par André Pratte dans sa biographie de Jean Charest et par d'autres journalistes comme feu Michel Vastel, qui parlait de 2,5 millions de dollars dans *Le Soleil* du 20 avril 1998, et Michel David qui, lui, parlait de 4 millions dans *Le Soleil* du 8 avril 2000. *Le Soleil* n'appartenait pas encore à la famille Desmarais, ce qui explique pourquoi ce journal a publié de telles faussetés. Ça doit être faux puisque Jean Charest le dit. Il a été tellement indigné par ces faussetés qu'il a menacé de poursuivre Patrick Bourgeois du *Québécois*, qui a eu l'outrecuidance de continuer la recherche quand d'autres l'ont abandonnée lorsqu'ils ont compris que l'histoire était totalement fausse. Comment les gens comme André Pratte peuvent-ils imaginer de tels bobards ? Surtout dans notre système démocratique ultra-transparent. N'importe quoi pour faire du mal à d'honnêtes hommes !

En revanche, nous n'avons pas besoin de suivre ces fausses pistes lancées notamment par André Pratte pour prouver les liens de Jean Charest avec l'État Desmarais. Il suffit de lire les journaux de Gesca et de comparer les discours pour constater ces liens étroits. À titre d'exemple, deux grands-messes organisées par Desmarais et Power ont vu Jean Charest s'y présenter tel un caniche bien dompté qui attend les miettes qui tomberaient de la table. La première : sa visite « strictement personnelle » à l'Élysée de Paris pour la remise de la grand-croix de la Légion d'honneur suivie d'une rencontre en tête-à-tête avec le président Sarkozy. La seconde : la rencontre très médiatisée, du moins dans les journaux de Power, avec l'ancien vice-président des États-Unis Al Gore en avril 2008, où Jean Charest a profité d'un autre tête-à-tête privilégié.

Plus frappant encore est son engouement, aussi nouveau que suspect, pour la France et pour un projet de libre-échange avec l'Europe dont il espère être le porteur en Amérique du Nord, c'est-à-dire si le premier ministre du Canada le permet. Mais il serait étonnant qu'Ottawa s'y oppose, car l'idée vient tout droit de l'esprit de Paul Desmarais et de ses alliés en France, Nicolas Sarkozy et Édouard Balladur. Aussi, elle permettrait à la France et au Canada de banaliser les relations privilégiées de la France avec le Québec. Dans son interview au *Point* en juin 2008, voici ce qu'en dit Paul Desmarais en réponse à la question : « Y a-t-il un avenir pour la France au Canada ? » :

> « La France a une grosse carte à jouer. Il y a des Canadiens français dans tout le Canada. La France, le Québec et le Canada doivent travailler ensemble pour créer des emplois et pour bâtir des relations étroites. Essayons d'avoir un marché commun entre l'Europe et le Canada. Si la France pousse, l'Europe suivra. La Chine,

l'Inde, l'Amérique du Sud vont donner du fil à retordre à l'Amérique du Nord et à l'Europe. Il faut nous unir pour sauver notre peau.»

Et voici ce qu'en dit Édouard Balladur :

«Le Canada est plus proche de l'Europe que les États-Unis dans plusieurs domaines, comme la politique étrangère. Ce qu'il faudrait, c'est un traité de libre-échange entre l'Union européenne et l'Amérique du Nord. Mais un traité de libre-échange entre l'Europe et le Canada est peut-être une bonne façon de commencer.»

Balladur a développé cette thèse dans un livre dont le titre est clair : *Pour une Union occidentale entre l'Europe et les États-Unis.*

Et on va essayer de nous faire croire que c'est Jean Charest qui pilote le projet? Il n'est que le pantin des autres.

Avant de se lancer tête baissée dans cette aventure, le Québec doit peser méthodiquement le pour et le contre. Si l'idée, c'est de réunir l'Europe et l'Amérique du Nord contre le monde entier, qu'en sera-t-il des relations privilégiées que le Québec a toujours voulu établir notamment avec les pays de l'Amérique latine et avec l'Afrique? Le Québec pèsera-t-il aussi fort dans les relations avec l'Europe, alors qu'il n'est qu'une province? Pourquoi l'Europe passerait par le Québec alors qu'elle sera mieux servie par Ottawa? Quel serait le rôle du français alors que l'Union européenne a adopté l'anglais comme langue commune? Ce qui nous amène à la question pointue des relations entre le Québec et la France et la Francophonie.

14

Desmarais, la France et le Québec

L'instinct ontologique de la liberté [...]
À l'heure de la décolonisation du monde,
cet instinct nous rend universels d'emblée.
C'est lui qui, depuis 1960, nous fait
lentement renaître à nous-mêmes et au Monde.

JEAN BOUTHILLETTE,
Le Canadien français et son double, 1972

Dans une lettre que Jacques Parizeau a fait remettre en mains propres au président français François Mitterrand en septembre 1991, l'ancien premier ministre, alors chef de l'opposition officielle, a terminé avec un résumé de «ce que le Québec attend de la France». On peut y lire: «Il est vital dans les mois qui viennent, cruciaux pour l'avenir, que les Québécois ne se sentent pas seuls. Ils souhaitent ardemment que la France, sans les précéder, les accompagne tout au long de la route qu'ils choisissent.» Cette missive remise à François Mitterrand était un élément clé d'une stratégie visant à assurer la reconnaissance du Québec à la suite d'un OUI au référendum. L'objectif, comme l'a expliqué en détail M. Parizeau, était de faciliter la reconnaissance d'un Québec souverain par les États-Unis. Bref, une reconnaissance rapide par la France jumelée à celle de plusieurs membres de la Francophonie amèneraient Washington à reconnaître le Québec par la suite, sinon avant même la France, selon l'idée que, depuis la doctrine de Monroe, les États-Unis tiennent à être les initiateurs de tout changement qui se produit dans les Amériques ou, du moins, à en donner l'impression. Il faut ajouter que Jacques Parizeau pouvait se permettre de s'adresser directement et avec franchise au président de la République française en 1991, surtout parce que, depuis la Révolution tranquille et particulièrement depuis la visite historique du général Charles de Gaulle en juillet 1967, le Québec jouissait d'un statut diplomatique exceptionnel dans ses relations avec la France. À titre d'exemple, le consulat général de France à Québec a le statut de quasi-ambassade, faisant en sorte que les représentants consulaires à Québec communiquent directement avec le Quai d'Orsay, siège des Affaires étrangères françaises, sans passer par l'ambassade de France à Ottawa. Le seul autre consulat général de France ayant un statut semblable est celui à Jérusalem qui dessert la Palestine.

Les anciens diplomates français, tout comme les universitaires consultés, insistent sur la pérennité de cette situation diplomatique exceptionnelle souvent résumée par l'idée forte de non-ingérence dans les affaires canadiennes, mais non-indifférence à l'égard de la volonté du Québec. Établie par de Gaulle et Alain Peyrefitte, cette politique d'exception à l'égard du Québec a survécu pendant le règne de la droite sous Pompidou et Giscard d'Estaing jusqu'en 1981, pendant le règne du Parti socialiste de François Mitterrand, même si elle a été mise à l'épreuve, et de nouveau sous le règne de Jacques Chirac de 1995 à 2007. Côté Québec, elle a été tout aussi résistante et solide au travers des gouvernements, par ailleurs très différents l'un de l'autre. Il faut penser qu'elle répondait à une volonté claire de part et d'autre !

Résistante, solide, inébranlable même, aura été cette politique d'exception, c'est-à-dire jusqu'à l'arrivée à la présidence de la France d'un Nicolas Sarkozy, qui se trouve avec un vis-à-vis québécois du nom de Jean Charest, qui ne cache pas sa volonté de faire rentrer le Québec dans le rang canadien une fois pour toutes, et, ne l'oublions pas, un conseiller et ami du nom de Paul Desmarais, qui ne cache pas non plus une même volonté. S'il est trop simpliste de dire que l'annonce d'un éventuel changement de politique de la France à l'égard du Québec vient de Paul Desmarais, on peut dire sans se tromper que si ce dernier veut empêcher un tel changement, il est en mesure de le faire. Mais selon son entre-vue au *Point*, Paul Desmarais semblait être très heureux des positions exprimées jusque-là par Sarkozy :

> « LE POINT : « J'aime le Québec », mais « j'aime aussi le Canada », déclare Nicolas Sarkozy. L'avez-vous converti au fédéralisme ?

> « PAUL DESMARAIS : Le président Sarkozy est très intelligent. Il est très bien informé. Ce n'est pas quelqu'un d'autre qui va lui dicter sa politique.

> « LE POINT : Vous minimisez votre rôle...

> « PAUL DESMARAIS : Votre président est arrivé à la conclusion qu'un Québec isolé en Amérique du Nord, noyé dans un océan anglophone, ça ne tient pas la route. »

En effet, selon Henri Rethoré, ancien diplomate français et consul général de France à Québec de 1979 à 1983, si changement de la politique il y aura, ce ne sera pas en France qu'elle prendra racine, à moins bien sûr que cela ne vienne du président Sarkozy lui-même. Même s'il y a toujours eu des gens au sein de la diplomatie française qui voulaient norma-liser les relations avec le Canada, cette position a toujours été minoritaire, et elle le demeure. Et selon le diplomate, du point de vue de la France, la normalisation des relations avec le Canada signifierait la banalisation des relations avec le Québec, et cela voudrait dire que Paris traiterait avec la même attention le Québec, la Saskatchewan, l'Île-du-Prince-Édouard, mais surtout l'Ontario et l'Alberta.

Nicolas Sarkozy, dont les déclarations d'un jour sont parfois contredites le lendemain, peut bien s'avérer un épiphénomène, mais son discours livré en Normandie en compagnie de la gouverneure générale du Canada, Michaëlle Jean, pourrait susciter des appuis en France et au Canada et il représente une menace réelle pour le Québec, s'il n'y prend pas garde. Quand on constate qu'il fait un pied de nez à l'héritage gaulliste en réintégrant la France au sein du commandement unifié de l'OTAN sans crier gare, il peut aussi bien faire de même avec cette partie de l'héritage du général de Gaulle qui concerne le Québec. Outre «l'amour de la France pour le Canada», Sarkozy a déclaré en compagnie de la gouverneure générale que la France a «intérêt» à être l'amie du Canada. Bref, un président français plus tourné que jamais vers les États-Unis, pour qui la culture est le cadet de ses soucis, qui ne voit la Francophonie que par la lorgnette de sa rentabilité et qui cherche des alliés diplomatiques, qui nomme un ministre des Affaires étrangères (Bernard Kouchner) qui considère qu'«après tout... la langue française n'est pas indispensable» et que l'avenir de la Francophonie, c'est l'anglais.

Dans un tel portrait, le Québec ne pèse pas lourd. En revanche, le Canada, qui a toujours voulu mettre fin à la politique française d'exception à l'égard du Québec, qui a toujours été demandeur en ce sens, représente une option intéressante pour la France. Parmi les objectifs économiques de la France sous Nicolas Sarkozy figure celui de créer des pôles économiques d'envergure mondiale dans l'énergie nucléaire avec EDF et Areva, dans le pétrole avec Total, dans le gaz avec GDF Suez et dans le transport avec Alsthom et le TGV. Ces groupes et pôles s'associeront pour réaliser les objectifs précis de l'un et de l'autre. Rappelons aussi que le tandem Desmarais-Frère est l'actionnaire de référence de Total et de GDF Suez. Alors que l'Ontario sera appelé à renouveler son parc de production nucléaire dans un proche avenir et que l'Alberta sera tenté par l'énergie nucléaire pour l'exploitation des sables bitumineux – le pétrolier Total y est déjà –, le Canada est en position de force pour obtenir de la France, l'État Desmarais aidant, un changement de politique à l'égard du Québec. Un consortium Areva-Total serait en lice pour répondre aux besoins nucléaires de l'Alberta et de l'Ontario. De plus, le Canada jouit d'une position enviable comme partenaire économique et politique de Washington, il peut être un allié en politique étrangère, il peut représenter autant que le Québec un tremplin vers le marché nord-américain. Ainsi, au-delà des virgules du fameux «ni ni» et des bonnes paroles prononcées au hasard des rencontres des autorités françaises et québécoises, l'éventuelle normalisation/banalisation des relations particulières entre la France et le

Québec aurait un impact économique et politique majeur pour le Québec.

Les commentaires de Jean Charest au sujet de cette éventuelle normalisation/banalisation ainsi que ceux de son délégué général à Paris, Wilfrid Licari, laissent perplexe. Jean Charest a dit que la formule de non-ingérence et de non-indifférence n'était importante qu'à la veille d'un référendum et qu'il n'y en avait pas en vue avant 20 ou 30 ans. Selon nos informations, il aurait dit la même chose à Sarkozy en tête-à-tête quelques mois auparavant, la question de la souveraineté étant selon lui réglée et qu'on n'en parlait plus. Pour sa part, le délégué général s'est contenté de dire que le temps était peut-être venu de moderniser la formule.

Or, bien au-delà de la tenue ou non d'un référendum, le principe de non-ingérence et de non-indifférence concerne le Québec sur tous les plans, quel que soit son statut constitutionnel : son rôle économique, le rôle et le prestige de ses entreprises, le statut de Montréal sa métropole et de Québec sa capitale, le rayonnement de sa culture et de tout ce qui en découle. Connaissant la logique du développement économique «national» du Canada, qui a nécessairement pour effet de faire de Montréal un satellite de Toronto la «métropole» canadienne, comme l'a décrit avec justesse et détails Jane Jacobs, on peut prévoir que l'axe Paris-Toronto et même celui de Paris-Calgary commenceront à l'emporter sur l'axe Paris-Montréal. La France et sa capitale ne feraient que constater et se conformer à cette lente satellisation de Montréal par rapport à Toronto ou à Calgary, illustrée notamment par l'acquisition de la Bourse de Montréal par celle de Toronto. À titre d'exemple, au printemps 2008, on a pu voir à quoi pourrait ressembler la nouvelle approche française à l'égard du Québec. Le jeudi 22 mai, Christine Lagarde, ministre des Finances, devait faire son premier voyage au pays de Champlain pour prononcer un important discours économique devant les gens d'affaires. Devant la Chambre de commerce de Montréal, la Chambre de commerce de Québec? Pas du tout. À l'*Economic Club of Toronto*, bien sûr. À la dernière minute, toutefois, les syndiqués français lui ont barré la route en annonçant un débrayage au sujet des retraites et de la semaine de 35 heures le jour même où Mme Lagarde devait se rendre à Toronto. Mais ce n'est que partie remise, à moins que le Québec ne montre un peu plus d'ambition et de projets politiques d'envergure.

Que fait Paul Desmarais et que fait son ami Jean Charest pour redresser la situation ? Rien. Tous deux se contentent de la dégringolade de Montréal et, partant, du Québec. On ne peut pas exclure l'hypothèse selon laquelle ils sont à l'origine même de ce branle-bas en France autour d'une politique solide qui a tenu impeccablement la route depuis 1967.

Conclusion

Le livre est le grand lieu de la contestation et le restera.

JACQUES FERRON

L'État Desmarais exerce une influence totalement dispro-portionnée sur la vie politique et économique du Québec et, dans une moindre mesure, sur celle du Canada. Au cours des dernières années, il a tissé une toile – les moins généreux la qualifient de pieuvre tentaculaire – par laquelle il est en mesure de faire la pluie et le beau temps.

Dès 1975, le président de la commission royale d'enquête sur les groupements de sociétés a dit en audience publique à Paul Desmarais que l'opinion était très répandue selon laquelle il jouissait « de relations étroites avec le gouvernement à Ottawa et avec le gouvernement du Québec » et qu'il n'avait « aucune difficulté » à s'assurer que ses opinions et celles de Power Corporation soient connues et comprises, autant à Ottawa qu'à Québec. Si ces relations étaient étroites en 1975, on peut dire qu'elles frôlent l'inceste en 2008. Avec de telles relations, pas besoin de lobbyistes à la Karl-Heinz Schreiber. Voilà la première façon dont la famille Desmarais exerce son influence.

Deuxième façon : grâce à l'empire médiatique de Gesca. L'état actuel du cartel médiatique au Québec où un homme, une famille, possède 70 % de la presse écrite n'existe, à notre connaissance, nulle part ailleurs. Le pouvoir que ce cartel lui donne est immensurable : tous les hommes et toutes les femmes politiques au Québec le savent fort bien.

Troisième façon : par une présence dominante au sein d'une kyrielle d'instituts et d'organismes essentiels au développement de la pensée politique et économique au Québec. Un membre de la famille Desmarais préside le conseil d'administration, par exemple, de chacune des organisations suivantes : la Chambre de commerce du Montréal métropolitain (Hélène Desmarais), l'Institut économique de Montréal (Hélène Desmarais), le Forum économique international des Amériques/Conférence de Montréal (Paul Desmarais fils) et HEC Montréal (Hélène Desmarais, présidente du conseil d'administration, et Paul Desmarais fils, président du conseil consultatif international). S'il est vrai qu'une participation, même à titre de président du conseil d'administration, n'équivaut pas au contrôle de l'organisation, il est aussi vrai que la participation au niveau décisionnel de membres de l'État Desmarais a pour effet de neutraliser, de paralyser ou de compromettre l'organisation lors de controverses politiques importantes qui touchent aux intérêts du Québec et à ceux de Power Corporation. Le cas de l'achat de la Bourse de Montréal par celle de Toronto en 2008 en est un exemple. La privatisation de la santé au Québec en est un autre. Et quelle sera la réaction de chacune de ces organisations, qui ont toutes une mission économique, lorsque Power Corporation mettra la main sur la Banque Nationale ? On peut gager déjà que leur silence sera assourdissant.

Depuis 1989 et la vente de la Consolidated-Bathurst, la famille Desmarais s'est désintéressée du Québec, du moins en ce qui concerne les investissements. Comme disait Claude Béland au début des années 1990, Paul Desmarais a mis son argent en Europe et il « se fout bien du Québec ». Or, l'importante toile d'influence politique au Québec, tissée soigneusement par la famille Desmarais et notamment par la génération des fils, tend à faire mentir cette observation, pourtant rigoureusement vraie selon les chiffres. En plus de cette toile d'influence, la famille Desmarais se paie un luxe spectaculaire mais obscène au Québec. Il y a, bien sûr, le domaine de Sagard, sorti tout droit de l'aristocratie française d'avant la Révolution, d'une superficie de 75 kilomètres carrés et dont le château aurait coûté entre 40 et 70 millions de dollars. Mais il y a aussi le domaine de Paul Desmarais fils au bord du lac Memphrémagog, en Estrie, et le club de golf ultra-luxueux et privé qu'il a fait construire près de Georgeville. Des gens qui s'installent comme ça et qui tissent une toile d'influence à toute épreuve au Québec donnent nettement l'impression qu'ils ont encore d'autres tours économiques à jouer au Québec. Mais quels sont-ils ?

Selon les paroles des Desmarais, père et fils, dans les années 1990, Power Corporation avait des projets d'investissement d'envergure à réaliser, mais le débat constitutionnel ne leur plaisait pas et le rendement prévu ne semblait pas leur convenir. Pour faire cet important investissement, donc, Power Corporation s'attend d'abord à ce que le couvercle sur le mouvement souverainiste québécois soit vissé hermétiquement. Cela se fait de multiples façons, sans jamais recourir à la répression. D'abord, par l'usure et la démoralisation des chefs politiques souverainistes et leurs alliés syndicaux, ce que les journaux de Gesca font à merveille. Ensuite, par l'argent, les nominations et l'illusion d'influence que l'État Desmarais peut offrir. Le sérail de Power n'a-t-il pas toujours été décoré d'anciens et de futurs politiciens en attente d'être adoubés par le patron ? Puis, par l'intimidation : qui ose dire non à des gens ayant tant d'influence et de puissance ? Et finalement, par la division, voire l'atomisation, de l'élite économique québécoise. On se rappellera ce qu'un haut dirigeant d'affaires nous a confié : « Paul Desmarais peut compromettre les gens de toutes sortes de façons ». Par ailleurs, il a souvent gagné grâce à sa patience et son sens de la durée. Le même homme d'affaires a ajouté qu'il « se croit éternel ».

Si l'État Desmarais juge que le couvercle sur le mouvement indépendantiste est vissé et scellé, ce que l'apparente démission collective actuelle peut suggérer, on peut s'attendre à du mouvement de la part de Power comme promis il y a près de 20 ans à la suite de la vente de la Consol. Et si le passé est garant de l'avenir, Power, qui s'est enrichie grâce au patrimoine collectif, va chercher de nouveau à s'accaparer du fruit mûr de l'État québécois et de la Révolution tranquille qui l'a produit : la Banque Nationale, banque des petites et moyennes entreprises québécoises, et cœur de Québec inc. – certains l'appellent feu Québec inc. ; la santé, par l'entremise des assurances et des fonds communs de placement ; l'exploitation des filières pétrolière et gazière, par l'entremise du pétrolier Total et de la gazière GDF Suez. Et pourquoi pas l'hydroélectricité ? Pour y arriver, l'État Desmarais n'hésitera pas à invoquer sa francophonie de pacotille, question de s'assurer d'être le seul concurrent en lice, mais aussi de mobiliser l'élite d'affaires francophone du Québec, et surtout d'en consoler les membres. Après tout, l'État Desmarais aura obtenu qu'ils lâchent le projet collectif emballant d'un Québec souverain – OUI et ça devient possible, disaient-ils – pour le triste statut d'éternel minoritaire.

Dans l'introduction, il est suggéré que notre incapacité collective ou notre refus d'aborder de front ce pouvoir démesuré et quasi occulte de l'État Desmarais ainsi que de prendre les moyens pour le surmonter explique l'impasse politique dans laquelle se trouve le mouvement souverainiste québécois. Au cours de la rédaction de ce livre, nous avons constaté aussi que cette incapacité ou ce refus s'explique par le fait que beaucoup de gens admirent Paul Desmarais en cachette, sans l'avouer, un peu à l'instar de tous ces gens qui écoutent la musique country en cachette, sans jamais l'avouer.

Or, une analyse froide du parcours de la famille Desmarais, de son enrichissement ainsi que des idées et positions politiques que les dirigeants de Power Corporation épousent devrait briser la paralysie qui nous afflige. Paul Desmarais est profondément antidémocratique. Il veut du pouvoir, mais il a refusé de faire de la politique parce que, dit-il : « Je ne veux pas dépendre d'un gars dans un coin qui va voter contre moi ». Il est un homme d'affaires qui s'est enrichi énormément, mais, comme nous l'avons vu, son histoire n'est pas celle d'un entrepreneur audacieux et innovateur comme J.-A. Bombardier, Guy Laliberté ou même Pierre Péladeau. Et c'est Paul Desmarais lui-même qui le dit : « Même en y réfléchissant bien, je ne trouve rien que j'ai commencé... Commencer à zéro, c'est trop lent pour moi. »

En effet, la description la plus juste de Paul Desmarais est, selon nous, celle qu'un haut fonctionnaire de la Commission européenne a donnée d'Albert Frère, principal associé des Desmarais en Europe : « Pour moi, c'est un prédateur ; il a joué au Monopoly, mais n'a jamais créé richesse ni emploi. » Même le mécénat des Desmarais, qui les distingue d'Albert Frère, doit être mis en perspective. Quand un homme qui vaut 5 milliards de dollars donne un million à une œuvre, c'est, proportionnellement, comme un homme qui vaut 100 000 dollars qui donne un billet de 20 dollars. Le don de 20 dollars mérite même plus de respect que celui du multimilliardaire, car il n'y a aucun retour sur ce don, aucune reconnaissance, aucun doctorat honorifique, aucun pavillon qui portera son nom. Le don de 20 dollars relève de l'altruisme alors que celui du multimilliardaire relève d'une stratégie de communication et de relations publiques ayant comme objectif de faire grossir le butin de l'État Desmarais.

Annexe

Au responsable des communications
Power Corporation du Canada
751, square Victoria
Montréal, Québec
Canada
H27 2J3

Par télécopieur : (514) 286-7424

Objet : Demande d'entrevue avec M. Paul Desmarais

Madame, Monsieur,

Dans le cadre de recherches pour un essai sur le rôle politique au Québec de Power Corporation de M. Paul Desmarais, permettez-moi de solliciter une entrevue avec M. Desmarais afin d'obtenir des réponses à certaines questions qui restent en suspens. Si toutefois M. Desmarais n'est pas disponible, il peut répondre par écrit aux questions énumérées sur la page qui suit. Vous pouvez me répondre par courriel à (adresse courriel).

En vous remerciant d'avance de votre attention, je vous prie d'agréer l'expression de mes sentiments distingués.

ROBIN PHILPOT

Questions à l'attention de M. Paul Desmarais

1. Après la vente de la Consolidated-Bathurst et du Montréal Trust en 1989, Power Corporation et M. Desmarais lui-même ont promis d'importants investissements au Québec. Or, hormis l'achat des journaux *Le Soleil et Le Quotidien*, il y en a eu très peu depuis 1989. Est-ce que Power à l'intention de faire des investissements importants au Québec ? Le cas échéant, dans quel secteur Power entend-elle investir ?

2. Pourquoi Power Corporation refuse de dévoiler les états financiers de sa filiale Gesca et des filiales et sous-filiales de Gesca ?

3. Est-ce que Gesca et ses filiales et sous-filiales sont rentables ?

4. Power Corporation était-elle d'accord avec l'acquisition de la Bourse de Montréal par la Bourse de Toronto ?

5. Est-ce que Power Corporation est d'accord avec le projet de créer une seule autorité de marchés financiers au Canada à la place de l'AMF du Québec et de la Commission des valeurs mobilières de l'Ontario ?

6. Qu'est-ce que le Québec doit faire pour empêcher la dégringolade de Montréal comme métropole économique ?

Notes et sources

Notes pour l'introduction
Pourquoi l'État Desmarais?

p. 11-14
• Menace de poursuite: *The Gazette*, 21 novembre 1985, p. E4; Peter C. Newman, *The Titans*, Toronto, McLelland and Stewart, 1998, p. 167.

• Pierre Godin, *L'information-opium: une histoire politique de* La Presse, Montréal, Parti Pris, 1973, p. 323 et 348.

• Débats de l'Assemblée législative du Québec, Troisième session, 28ᵉ Législature, jeudi 5 décembre 1968, vol. 7, n° 98, p. 4499.

• E. C Bittner, dépêche A-843 au département d'État des États-Unis, *Memorandum of Conversation, Quebec Separatism and the Liberal Leadership Race*, 18 janvier 1968, p. 6-7. « *The Power Corporation intends to use the network of television and press which it controls in Quebec to help defeat separatism through subtle propaganda operations.* »

p. 15-18
• Entente Radio-Canada/*La Presse*, 18 janvier 2001, obtenue par Patrick Bourgeois par demande d'accès à l'information.

• Archives nationales du Québec, discours de Jacques Parizeau dans *Archives de Jacques Parizeau*, sept. 1995, accès avec autorisation nominative de Jacques Parizeau.

• Au sujet de John Rae: Rapport d'enquête au sujet des activités d'Option Canada à l'occasion du référendum tenu au Québec en octobre 1995, présenté au DGÉ du Québec, par Mᵉ Bernard Grenier, commissaire-enquêteur, annexe III, p. 10; entrevue avec John Rae réalisée au siège social de Power Corporation, 24 novembre 2004. Sur les 30 boîtes de documents détruits, entrevue avec une source sûre ayant deamndé l'anonymat.

• Robin Philpot, *Le référendum volé*, Les Intouchables, 2005, p. 57-59.

p. 18-20
• Pierre Godin, *L'information-opium: une histoire politique de* La Presse, *op. cit.*, p. 282.
• Sur les refus d'accorder des entrevues: notamment Konrad Yakabuski, « Like Father, Like Sons », *The Globe and Mail*, 26 mai 2006 ; Diane Francis, *Who Owns Canada Now?*, New York, Harper Collins, 2008, p. 356.

Notes pour le Chapitre 1
Le Québec: une terre pour d'éternels minoritaires

p. 21-24
• Les *Minutes du patrimoine*: « Promo émission spéciale, les *Minutes du patrimoine*, 21 décembre 2001 », Uberdo Productions, Information essentielle.
Discours de Nicolas Sarkozy: *La Presse*, 16 février 2008, p. A5.
• Sur le minoritaire prospère aux yeux des journalistes canadiens: Dave Greber, *Paul Desmarais: un homme et son empire*, Montréal, Les Éditions de l'Homme, 1987 ; Peter C. Newman, *L'establishment canadien, ceux qui détiennent le pouvoir*, Montréal, Les Éditions de l'Homme, 1979, p. 61-109 (*The Canadian Establishment*, Toronto, McClelland and Stewart, 1975 pour l'anglais) ; Diane Francis, *Controlling Interest*, Toronto, MacMillan, 1986, p. 50 (pour le français, *Le Monopole*, Montréal, Les Éditions de l'Homme, 1987) ; Diane Francis, *Who Owns Canada Now?*, *op. cit.*, p. 75 et 352-357.
• Jean Chrétien, *Straight from the Heart*, Toronto, Key Porter, 1985, p. 138 (en français, *Dans la fosse aux lions*, Montréal, Les Éditions de l'Homme, 1985).
• Radio-Canada, *L'establishment canadien*, 6 janvier 1982.

p. 25-29
• Paul Desmarais et la Banque Royale: Peter C. Newman, *L'establishment canadien, ceux qui détiennent le pouvoir*, p. 114 et 122.
• Citation d'Amy Booth: dans Dave Greber, *Paul Desmarais: un homme et son empire*, *op. cit.*, p. 102.
• Sur Paul Desmarais en Ontario: Sheila Arnopoulos, *Hors du Québec point de salut*, Montréal, Libre Expression, 1982, p. 229-255.
• Sur « la grande frousse »: Guy Bouthillier, *L'Obsession ethnique*, Montréal, Lanctôt éditeur, 1997, p. 27.
• Sur *Speak White*: André Laurendeau, *Journal*, Montréal et Sillery, VLB éditeur et Les éditions du Septentrion, 1990, p. 175 ; Robin Philpot, *Oka: dernier alibi du Canada anglais*, Montréal, VLB éditeur, 1991, p. 48 et *Dictionary of Canadianisms on Historical Principles*, Toronto, W. J. Gage Limited, 1967, p. 736, 849, 851 et 852.

• Entrevue non censurée de Paul Desmarais avec *Le Point*, dont nous avons obtenu copie.

p. 29-33
• Jean Bouthillette, *Le Canadien français et son double*, Montréal, Éditions de l'Hexagone, 1972, p. 58.
• Discours de Pierre Bourgault : Jean-François Nadeau, *Bourgault*, Montréal, Lux éditeur, 2007, p. 114.
• Sur l'école fréquentée par les fils Desmarais : Konrad Yakabuski, « *Like Father, Like Sons* », art. cit. ; *The Gazette*, Jennifer Campbell, « *Social Notes* » 19 mai 2008, p. D3.
• Valérie Lion, « Comment Paul Desmarais Jr. a conquis Paris », *L'Express*, 21 juin 2007.

p. 33-38
• *The Gazette*, 10 décembre 1971, George Radwanksi, « *Paul Desmarais : Paper should report facts, leave judgment to Readers* ».
• Peter C. Newman, *L'establishment canadien, ceux qui détiennent le pouvoir*, *op. cit.*, p. 65 et 68.
• Jean Bouthillette, *Le Canadien français et son double*, *op. cit.*, p. 41.
• Entrevue non censurée de Paul Desmarais avec *Le Point*.

Notes pour le chapitre 2
De la Muraille de Chine à la grand-croix de la Légion d'honneur

p. 39-47
• En exergue : Alain Stanké, *Occasions de bonheur, Édition revue et augmentée avec du bonheur en plus !*, Montréal, Éditions Hurtubise HMH, 2008, p. 173. Entrevues de l'auteur avec Christian Rioux, Pierre Godin, Guy Bertrand.
• Pierre Godin, *Daniel Johnson, 1964-1968, la difficile recherche de l'égalité*, Montréal, Les Éditions de l'Homme, 1980, p. 255-274.
• E. C. Bittner, dépêche A-843 au département d'État des États-Unis, *op. cit.*, p. 7.
• *La Presse*, du 4 au 7 octobre 1968.

Notes pour le Chapitre 3
L'homme politique qui se dissimule

p. 49-52
• Ariane Chemin, Judith Perrignon, *La nuit du Fouquet's*, Fayard, 2007.
• Entrevues avec José-Alain Fralon, journaliste et biographe d'Albert Frère et avec certaines personnes ayant préféré garder l'anonymat.
• Discours de Sarkozy : *La Presse*, 16 février 2008, p. A5, Louis-Bernard Robitaille, « Paul Desmarais reçoit la grand-croix ».
• Sur l'offre de Roger Lemelin à René Lévesque : Pierre Godin, *René Lévesque, Héros malgré lui*, Montréal, Boréal, 1997, p. 636.
• Sur Robert Bourassa et Paul Desmarais : Jean-François Lisée, *Le Tricheur*, Montréal, Boréal, 1994, p. 452-456 et 553.
• Sur le conseil consultatif international de Power Corporation et les membres du conseil d'administration de Power Corporation : rapports annuels, 1968-2008.
• Entrevue non-censurée accordée au *Point*.

p. 53-59
• Sur Balladur, Chirac, Sarkozy : Pierre Péan, *L'Inconnu de l'Élysée*, Paris, Fayard, 2007, p. 345-374.
• René Lévesque sur Paul Desmarais : Pierre Godin, *L'information-opium : une histoire politique de* La Presse, *op. cit.*, p. 541.
• Sur le conservatisme de Paul Desmarais : Peter C Newman, *The Titans*, *op. cit.*, p. 172 et 174 ; Diane Francis, *Who Owns Canada Now?*, *op. cit.*, p. 356-357 ; *National Post*, 12 mars 1999, p. A9.
• « Power Corporation du Canada, soixante-quinze ans de croissance 1925-2000 », www.powercorporation.com.
• Audience publique de la commission royale d'enquête sur les groupements de sociétés, 10 décembre 1975, *Power Corporation of Canada*, témoignage de Paul Desmarais, p. 147-149 et 151.
• Rapport de la commission d'enquête sur le coût de la 21e olympiade (rapport Malouf), vol. 4, p. 108.

p. 60-65
• José-Alain Fralon, *Albert Frère, le fils du marchand de clous*, Bruxelles, Le Francq Littérature, 1998, p. 127-165.
• Don à l'Académie française : *La Presse*, 17 octobre 1986, p. A1 « La langue conquiert deux nouveaux mécènes » ; lettre de Maurice Druon à Bernard Landry, 16 octobre 2003.
• José-Alain Fralon, *Albert Frère, le fils du marchand de clous*, *op. cit.*, p. 109.
• *Ibid.*, p. 127-135 et 154.

Notes pour le Chapitre 4 – Gatineau Electric engendra Gelco qui engendra Gesca…

p. 67-72
• Peter C Newman, *L'establishment canadien, ceux qui détiennent le pouvoir*, *op. cit.*, p. 76.
• Sur Gelco : Fonds Gatineau Power Co., Centre d'archives d'Hydro-Québec, http ://site.rdaq.qc.ca/cgi-bin/templates/body/Frontend/DetailsFonds. cfm ?ID=1037&cnt=73&numeroMembre=133&NM=133 ; Dave Greber, *Paul Desmarais : un homme et son empire, op. cit.*, p. 85-109 ; Peter C Newman, *L'establishment canadien, ceux qui détiennent le pouvoir, op. cit.*, p. 61-109 ; Commission royale d'enquête sur les groupements de sociétés, étude n° 10, *La Société Power Corporation of Canada Limited, une analyse de sa structure corporative*, août 1976, ministre des Approvisionnements et Services du Canada.
• Entrevue de Paul Desmarais au *Point*, 26 juin 2008, Patrick Bonazza, « Interview Paul Desmarais : Une légende du monde des affaires parle », p. 60.

Notes pour le Chapitre 5 – *Power* vient de l'hydroélectricité

p. 73-79
• Sur Power, notamment Power Corporation du Canada, soixante-quinze ans de croissance 1925-2000, www.powercorporation.com ; Commission royale d'enquête sur les groupements de sociétés, étude n° 10, *op. cit.* ; Dave Greber, *Paul Desmarais : un homme et son empire, op. cit.*, p. 13-147 ; Peter C. Newman, *L'establishment canadien, ceux qui détiennent le pouvoir, op. cit.*, p. 61-109.
• Pierre Godin, *René Lévesque, Héros malgré lui, op. cit.*, p. 113-168.
• Commission royale d'enquête sur les groupements de sociétés, étude n° 23, *L'entreprise de presse et la liberté d'information. Le cas de* La Presse *et de* Power Corporation, une recherche scientifique.

Notes pour le Chapitre 6 – Argus, ou le cocu content

p. 81-85
• Peter C. Newman, *The Establishment Man, A Portrait of Power*, Toronto, McClelland and Stewart, 1982, p. 217 et 261 (pour la version française, *Conrad Black, l'homme de l'establishment*, Montréal, Les Éditions de l'Homme, 1983, p. 243 et 293).

• Peter C. Newman, *The Canadian Establishment, op. cit.*, p. 43-91 (pour la version française, *L'establishment canadien, ceux qui détiennent le pouvoir, op. cit.*, p 61-109).
• Dave Greber, *Rising to Power, Paul Desmarais & Power Corporation*, Londres, Methuen, 1987, p 197-209 et 227-243 (pour la version française, *Paul Desmarais, un homme et son empire, op. cit.*).
• *The Globe and Mail*, 26 mars 1975, p. B1 ; 27 mars, p. B1 ; 3 avril, p. B3 ; 15 avril, p. B1 (appui de la Caisse de dépôt et de placement) ; 21 avril, p. A1 (création de la commission royale) ; 23 avril (éditorial).
• *The Montreal Star*, 15 avril 1975, p. B-5.
• Diane Francis, *Who Owns Canada Now?, op. cit.*, p. 52.

p. 85-86
• Commission royale d'enquête sur les groupements de sociétés, Audience publique, 10 décembre 1975, étude n° 23, *op. cit.*
• Pierre Dubuc, *L'Autre Histoire de l'indépendance*, Trois-Pistoles, Éditions Trois-Pistoles, 2003, p. 227-246.
• Pour le procès de Conrad Black : *The Globe and Mail*, 29 novembre 2007, p. A1, Paul Waldie « *A picture of the beneficent Lord Black* » et « *Conrad Black's Submission in response to the Presentence Investigation Report* », www.theglobeandmail.com/v5/content/pdf/black_file.pdf.

Notes pour le Chapitre 7
Main basse sur Paribas 1981 : une grand-croix pour un grand coup fourré

p. 87-92
• José-Alain Fralon, *Albert Frère, le fils du marchand de clous, op. cit.*, p. 161 et 169-195.
• « Power Corporation du Canada, soixante-quinze ans de croissance 1925-2000 », www.powercorporation.com.
• André G. Delion et Michel Durupty, *Les Nationalisations 1982*, Paris, Economica, 1982, p. 9-11.
• Pierre Moussa, *La Roue de la Fortune, Souvenirs d'un financier*, Paris, Fayard (Poche), 1989, p. 213.
• Jean Baumier, *La Galaxie Paribas*, Paris, Plon, 1988, p. 185 et 198.

p. 92-97
• Pierre Moussa, *La Roue de la Fortune, Souvenirs d'un financier, op. cit.*, p. 216.
• Jean Baumier, *La Galaxie Paribas, op. cit.*, p 117.

• Membres du conseil d'administration de Power : rapports annuels, 1979-2006.
• Journaux français, notamment *Le Monde*, 2, 8, 12, 13, 23 et 24 octobre 1981 ; *Le Canard enchaîné*, 21 et 28 octobre 1981.
• Sur l'histoire de Total S.A. : *Marianne*, du 6 au 12 septembre 2008, Érice Decouty, « Total : le roman noir du pétrole », p. 64-73.

Notes pour le Chapitre 8
Laissé sur une voie de garage par le Canadien Pacifique

p. 99-103
• Entrevues de l'auteur avec Carmand Normand, ancien premier vice-président de la Caisse de dépôt et de placement et avec deux anciens hauts fonctionnaires de la Caisse ayant demandé de conserver l'anonymat.
• Dave Greber, *Rising to Power, Paul Desmarais & Power Corporation, op. cit.*, p. 235-247 (pour la version française, *Paul Desmarais, un homme et son empire, op. cit.*, p. 270-285).
• Diane Francis, *Who Owns Canada Now?*, *op. cit.*, p. 52 et 251 ; Pierre Godin, *René Lévesque, l'espoir et le chagrin*, Montréal, Boréal, 2001, p. 451.
• Pierre Duchesne, Jacques Parizeau, *Biographie 1970-1985, tome II Le Baron*, Québec-Amérique, 2002, p. 385-400.

p. 104-110
• *The Globe and Mail*, 11 août 1981, p. B1 ; 5 mai 1983, p. B1 ; 6 mai 1983, p. B3.
• *La Presse*, 8 novembre 1982, p. B1 ; 9 novembre 1982, p. B1 ; 11 novembre, p. A4 ; 20 novembre, p. A8 ; 3 décembre, p. A2 ; 5 mai 1983, p. C1.
• Peter C. Newman, *The Titans, op. cit.*, p. 176.
• Rapports annuels de Power Corporation : 1981, 1982 et 1983.
• Warren Magnussen et Andrew Sancton, *City Politics in Canada*, Toronto, University of Toronto Press, 1983, p. 85.

Notes pour le Chapitre 9
Sociétés d'État à votre service : la Financière Power, Asia Power Group

p. 111-115
• *The Globe and Mail*, 6 mai 1983, p. B1.
• Power Financial Corporation, *Historical Reports, Canwest Digital Media*, révisé le 16 avril 2008, p. 2.

• Entrevues avec d'anciens fonctionnaires de la Caisse de dépôt et de placement ayant requis l'anonymat.

• Sur Asia Power Group, notamment : *La Presse*, 6 octobre 1993, p. D1 ; *National Post*, 7 octobre 1993, p. 3.

• Sur le transfert vers les Bermudes : *National Post*, 7 septembre 1994, p. 13 ; *La Presse*, 19 juin 1996, p. D3.

• Entrevue avec d'anciens hauts fonctionnaires d'Hydro-Québec ayant requis l'anonymat.

Notes pour le Chapitre 10
La poule aux œufs d'or : la Consolidated-Bathurst

p. 117-121

• René Lévesque, *Attendez que je me rappelle*, Montréal, Québec Amérique, 1986, p. 462, 463 et 476.

• Commission royale d'enquête sur les groupements de société, étude n° 10, *op. cit.*, p. 69-114.

• Peter C. Newman, *L'establishment canadien, ceux qui détiennent le pouvoir*, op. cit., p. 61-109.

• 43ᵉ rapport annuel de Consolidated-Bathurst ltée, 1974, p. 24.

• Sur le domaine de Sagard : Christian Harvey, Le seigneur de Sagard, *Le Couac*, octobre 2003.

• Diane Francis, *Who Owns Canada Now ?*, op. cit., p. 288-289.

p. 122-127

• Sur le programme lancé par le gouvernement Lévesque : Da Silva, *Pulp and Paper Modernization Grants Program, An Assessment*, 1988, document préparé pour le Conseil économique du Canada ; Daniel Mercure, *La Modernisation de l'industrie québécoise des pâtes et papiers : des défis aux réalisations*, dans *Gestion*, Québec, vol. 13, n° 2, mai 1988, p. 28-31 ; pour le contexte : Pierre Godin, *René Lévesque, l'homme brisé*, Montréal, Boréal, 2005, p. 259-282.

• Sur les CAAF : *Nouveau régime forestier*, gouvernement du Québec, 1989 ; Russel Bouchard, *Annales de l'industrie forestière au Saguenay-Lac-Saint-Jean (1945-2000)*, Chicoutimi, 2004, p. 376-377.

• Sur la fusion avortée de la Consol et de la Domtar : Pierre Duchesne, *Jacques Parizeau, vol. 3 : Le Régent, 1985-1995*, Montréal, Québec Amérique, 2004, p. 115-119 et des entrevues avec d'anciens fonctionnaires de la Caisse de dépôt et de placement ayant requis l'anonymat.

• Peter C. Newman, *The Titans*, op. cit., p. 169-170.

Notes et sources

Notes pour le Chapitre 11
Paroles, Paroles, Paroles

p. 129-135
• Pierre Godin, *René Lévesque, l'espoir et le chagrin, op. cit.*, p. 104-205.
• Pour les détails de la vente, les déclarations et les réactions : rapport annuel de Power Corporation, 1989 ; *Le Devoir*, 27, 28 janvier et 2 février 1989 ; *The Globe and Mail*, 27 et 28 janvier 1989 ; *La Presse*, 27, 28 janvier et 2 février 1989 ; *The Gazette*, 27, 28 janvier, 1er février 1989 ; *Financial Post*, 2 mars 1989.
• Pour la tentative de créer un bloc papetier québécois : Pierre Duchesne, *Jacques Parizeau, vol. 3 : Le Régent, 1985-1995, op. cit.*, p. 115-119.
• Lettre de la FTQ à Paul Desmarais du 8 mars 1989, courtoisie du service de communications de la FTQ et du *Monde ouvrier*, avril 1989.
• Pour les déclarations de Paul Desmarais et de ses fils : *La Presse, Le Devoir, The Gazette, National Post*, notamment le 11 mai 1990, le 15 février 1991, le 9 mai 1991, le 26 novembre 1991, les 15 et 16 mai 1992, le 18 mai 1992, les 19 et 20 mai 1993, le 21 mai 1994, le 13 mai 1995.

p. 135-141
• Citation de Jacques Parizeau sur Paul Desmarais : *L'Action nationale*, mai 1991.
• Discours de Roger-D. Landry : *Le Soleil*, 22 avril 1992, p. B1.
• Lettre de Paul Desmarais aux Québécois : *La Presse*, 21 octobre 1992, p. B3.
• Bourassa chez Desmarais : *L'Aut' Journal*, avril 1991.
• Jean-François Lisée, *Le Naufrageur, Robert Bourassa et les Québécois (1991-1992)*, Montréal, Boréal, 1994, p. 209-217.
• Archives nationales du Québec, discours de Jacques Parizeau dans *Archives de Jacques Parizeau*, sept. 1995.

Notes pour le Chapitre 12
L'État Desmarais et les médias : 40 ans de « propagande subtile » et moins subtile

p. 143-147
• Sur André Pratte : l'article « Tout est pourri », *La Presse*, 11 février 1994, p. A5 ; la réaction de la direction de *La Presse*, *Le Devoir*, 18 février 1994.
• Pour le scandale des fonds communs de placement : notamment *The Globe and Mail*, 22 septembre 2004, Karen Howlett, « *OSC strike against fund industry just first volley of wider crackdown* », B1 et « *Long-term investors*

are often the biggest losers » ; 23 septembre 2004, 18 novembre 2004, « *Big mutual funds agree to costly restitution* », p. A1 ; *La Presse*, 22 septembre 2004, « La CVMO donne des avertissements à quatre compagnies de fonds communs », p. LPA 12 ; entrevue de l'auteur par courriel avec Me Normand Painchaud.

• Entrevues avec Yves Michaud et Pierre Godin.

p. 148-153

• Pierre Godin, *L'information-opium : une histoire politique de* La Presse, *op. cit.*, p. 259-458 et *La Lutte pour l'information, histoire de la presse écrite au Québec*, Montréal, Le Jour éditeur, 1981.

• *Le Soleil*, 11 novembre 2000, p. A3.

• Entente secrète entre Radio-Canada et *La Presse*, signée par le vice-président de la radio française et des nouveaux médias de la Société Radio-Canada, Sylvain Lafrance, et par le président et éditeur de *La Presse*, Guy Crevier, et obtenue par Patrick Bourgeois le 4 avril 2008 en vertu de la Loi sur l'accès à l'information.

• Pour la législation sur *La Presse* : Commission royale d'enquête sur les groupements de sociétés, étude n° 23, *op. cit.*, et témoignage de Paul Desmarais à l'audience publique de la commission royale d'enquête sur les groupements de sociétés, 10 décembre 1975, p. 114-119 et 127.

• Sur *Le Soleil*, notamment : *Le Soleil, dimanche magazine*, 8 décembre 1996, p. B7.

p. 154-157

• Jacques Guay, *La Presse des autres*, Montréal, Lanctôt éditeur, 1996, p. 13 et 146.

• Commission royale sur les quotidiens (commission Kent), ministère des Approvisionnements et Services du Canada, 1981, p. 263-265.

• Walter C. Soderlund et Kai Hildebrand, *Canadian Newspaper Ownership in the Era of Convergences*, Edmonton, University of Alberta Press, 2005, p. 11 ; dans le même livre, article intitulé « *Failed Attempts at Regulation of Newspaper Ownership* », p. 11-27.

• *Parizeau sur les médias, Le Devoir*, 12 mai 1995, p. A1.

• Pierre Godin, *L'information-opium : une histoire politique de* La Presse, *op. cit.*, p. 193-298.

p. 158-161

• Témoignage de Paul Desmarais devant le Comité spécial du Sénat sur les moyens de communication de masse (Comité Davey), 24 février 1970, p. 44.

Notes et sources

- *The Gazette*, 10 décembre 1971 (traduction libre).
- Entrevue non censurée de Paul Desmarais avec *Le Point*.
- E. C. Bittner, dépêche A-843 au département d'État des États-Unis, *op. cit.*, p. 6-7. «*The Power Corporation intends to use the network of television and press which it controls in Quebec to help defeat separatism through subtle propaganda operations.*»

Notes pour le Chapitre 13
Ce qui est bon pour Power Corporation…

p. 163-166
- Lucien Bouchard sur Power: *L'Actualité*, janvier 2002, p. 34.
- Pour les chiffres officiels de Power Corporation du Canada et de la Financière Power: *Historical Reports*, *Canwest Digital Media*, révisé le 16 avril 2008, respectivement 19 pages et 14 pages.
- Citation de Claude Béland: Jean-François Lisée, *Le Tricheur, op. cit.*, p. 553.
- *L'Action nationale*, «La déportation québécoise», «Les fonds mutuels», octobre 1996, p. D-1 à D-193; janvier 1997, p. 181.

p. 167-171
- Discours de Jacques Parizeau à la salle du Gesù, 18 février 2008.
- Michel Girard, «Le nouveau roi des fonds», *La Presse Affaires*, 9 août 2008, p. 9.
- Lettre d'Edward Johnson, *Le Devoir*, 3 et 4 novembre 2007, p. A6 et *The Globe and Mail*, 2 novembre 2007, p. A18.
- Pour le rôle de Power dans Suez, Total et le Groupe Bruxelles Lambert, voir les sites Internet respectifs.

p. 171-175
- Sur Total au Nigeria: radio de CBC, *Dispatches*, 2 juin 2008, 19 h 45.
- André Pratte, *L'Énigme Charest*, Montréal, Boréal, 1998, p. 313.
- «L'appétit du clan Charest», *Le Soleil*, 20 avril 1998, p. B6.
- «L'homme de paille», *Le Soleil*, 8 avril 2000, p. A21.
- *La Presse* et Al Gore: *La Presse*, 5 et 6 avril 2008, p. A1, A3, A8 et A9.
- Sur Charest, Balladur et Desmarais et l'Europe: *Le Devoir*, 23 février, Antoine Robitaille, «Charest l'Européen», p. A1, Christian Rioux, «Une "bonne idée" et un pas vers une Union occidentale, dit Balladur», p. A6, A7 et A10; *Le Point*, 26 juin 2008, p. 66.

Notes pour le Chapitre 14
Desmarais, la France et le Québec

p. 177-182
• Entrevues : notamment Jacques Parizeau (12 janvier 2005), Henri Rethoré, Aurélien Yannic, Yves Michaud, Christian Rioux.
• Archives nationales du Québec, lettre de Jacques Parizeau à François Mitterrand, président de la République, le 23 septembre 1991, archives personnelles de Jacques Parizeau, accès à autorisation nominative.
• Robin Philpot, *Le Référendum volé*, Montréal, Les Intouchables, 2005, p. 150.
• Sur la Francophonie en général : *L'Action nationale*, «Dossier spécial, Sommet de la Francophonie 2008, Francophonie : quel avenir», Vol. XCVIII, n° 5 et 6 mai-juin 2008, p. 98-218.
• Bernard Kouchner, *Deux ou trois choses que je sais de nous*, Paris, Robert Laffont, 2006, p. 146, 147 et 151.
• Jane Jacobs, *The Question of Separatism, Quebec and the Struggle over Sovereignty*, New York, Random House, 1980.

Notes pour la conclusion

p. 183-187
• Audience publique de la commission royale d'enquête sur les groupements de sociétés, 10 décembre 1975, *Power Corporation of Canada*, témoignage de Paul Desmarais, p. 147-149.
• Jean-François Lisée, *Le Tricheur, op. cit.*, p. 553.
• Sur le golf : *Globe and Mail*, 19 août 2008, p. B2.
• *Le Point*, 26 juin 2008, p. 66.
• Peter C. Newman, *L'establishment canadien, ceux qui détiennent le pouvoir, op. cit.*, p. 76.
• José-Alain Fralon, *Albert Frère, le fils du marchand de clous, op. cit.*, p. 163.

Table des matières

La production du titre : *Derrière l'État Desmarais : POWER* sur 2 210 lb de papier Silva Enviro 100 plutôt que sur du papier vierge aide l'environnement des façons suivantes :

Arbres sauvés : 19
Évite la production de déchets : 541 kg
Réduit la quantité d'eau : 51 219 L
Réduit les matières en suspension dans l'eau : 3,4 kg
Réduit les émissions atmosphériques : 1 189 kg
Réduit la consommation de gaz naturel : 77 m^3

Marquis imprimeur inc.

Québec, Canada
2008